CANNABIS INDUSTRIAL

FUENTE DE CRECIMIENTO

ECONÓMICO EN MÉXICO

Ing. Humberto Vega

AVISO LEGAL

CANNABIS INDUSTRIAL: Fuente de Crecimiento Económico En México

ISBN Tapa Blanda: 978-1-958677-02-5
ISBN Tapa Dura: 978-1-958677-03-2

Dedico esta obra con todo mi corazón a mi madre María Engracia Díaz, quien gracias a sus oraciones y atenciones ha logrado bendecirme y llevarme por el camino del bien.

A mi hermana Martha Vega por ser un ser de luz en mi vida, pues ha sido ese gran pilar que me ha demostrado que con esfuerzo y dedicación se puede seguir siempre adelante hasta lograr los objetivos que uno se propone.

A todos mis profesoras y profesores de todas las etapas de mi vida. Ellos sembraron una semilla muy valiosa en mí; una semilla que hoy florece en este libro para ayudar a nuestro México querido.

*Agradecimientos*

Mi agradecimiento es para todas las personas que, de algún modo u otro, me han acompañado a lo largo de todo el proceso de investigación, escritura y elaboración de este libro.

Comenzando por mis amigas y amigos que me dieron su apoyo, comprensión y cariño al acompañarme en mis momentos más tormentosos. Ustedes me ayudaron a encontrar la mejor versión de mí mismo.

También, a todas las personas que me transmitieron su conocimiento y experiencia en el cultivo del Cannabis. Sin ustedes, no hubiese adquirido el aprendizaje que llevo hoy conmigo.

Por último, mi mayor agradecimiento es hacia mi mentor Alfonso Inclán, por ser quien siempre me estuvo orientando y acompañando para llegar a terminar mi libro.

A ti estimado lector que hoy has tenido a bien estar leyendo mi obra que he preparado con mucho cariño.

Índice

Introducción

Por cuestiones del destino, llegué de visita a los estados de Oregón y California en los Estados Unidos. En esos días, mis planes y mis sueños eran muy diferentes a lo que venía por delante. Hoy puedo confirmar que la vida de uno puede cambiar con solo visitar nuevos lugares y conocer nuevas personas.

En estos dos estados de Norteamérica tuve la oportunidad de encontrar un elemento increíble; algo que formaba parte de una gran prosperidad y el promotor de un cambio radical en la comunidad. Este elemento había venido impactando vidas en varios ámbitos tanto en lo económico, lo ambiental y en la salud.

Mi naturaleza investigativa y curiosa, me llevó a iniciar un estudio a profundidad por más de tres años, en el cual

descubrí una maravilla que, en los años de mi búsqueda, todavía no se encontraba disponible en México, mi país de origen.

...Por lo menos no en la manera en como lo presencié en los Estados Unidos.

Soy nacido y criado en el estado de Sinaloa y, basado en mi experiencia como Ingeniero Forestal Comunitario, conozco muy bien la situación de pequeños y grandes productores mexicanos a quienes año tras año les ha ido mal con sus cosechas. Las razones son variadas y pueden ser desde los efectos de plagas, hasta sequías, enfermedades y crisis en los mercados.

Desde el principio supe que mi descubrimiento sería una excelente opción para los campesinos. No nada más de Sinaloa, sino de todo el país, pues soy testigo de los retos tan grandes que enfrentan estas personas. Sé del esfuerzo y compromiso tan fuera de serie de todos y cada

uno de ellos. Sé también del precario ingreso que reciben, insuficiente para sostener a sus familias.

De igual manera estamos plenamente conscientes de la lamentable degradación de las tierras por la falta de rotación de cultivos, además de la indiscriminada tala de árboles. Más adelante les hablaré de todo esto que está afectando en gran medida la agenda ambiental.

Así que, mi estimado lector, permíteme presentarte este factor que descubrí y que tiene el potencial de hacer cambiar la economía de todo un país.

A lo que me refiero es a una planta: la planta del Cannabis Industrial.

En este libro te llevaré de la mano para darte a conocer el resultado de mi extensiva investigación.

He entrevistado a muchos cultivadores durante todo este tiempo y me he abocado a develar todos los secretos que guarda esta nueva industria para proponerla a mi querido país. El desarrollo económico que han presentado otros países al tomar las medidas correspondientes, podrá constatar que esta nueva industria en México puede tener un potencial muy grande; más allá de lo que pudiéramos imaginar.

Al momento de escribir este libro, el uso del Cannabis no ha sido legalizado todavía en México; una situación que estoy seguro no será por siempre, pues contamos con todas las condiciones a nuestro favor: hay disponibilidad de los campesinos, tenemos tierras muy fértiles, los climas son perfectos y contamos además con una gran cantidad de mano de obra de los mexicanos. Esta planta pródiga puede ser el detonante económico para una generación masiva de empleos y una abundante derrama económica. Algo de lo que te hablaré en detalle más adelante.

"*Cannabis Industrial: Fuente De Crecimiento Económico En México*" ha sido creado para documentar a la fuerza política del país, a los diputados federales, a los senadores de la república, al presidente constitucional de México, a los congresos locales, a los campesinos y ejidatarios del país, empresas textiles, empresas que elaboran productos para la salud, dependencias mexicanas que protegen y cuidan al medio ambiente, SEMARNAT, CONAFOR, secretarías de desarrollo sustentables de todos los estados del país, así como a los departamentos encargados de proteger el medio ambiente en todos los municipios de México.

De la misma manera, este libro contiene valiosa información para todos aquellos con enfermedades crónicas. El tratamiento natural con Cannabis Industrial, podría ser más efectivo que la medicina convencional conforme a miles de testimonios. No podrás creer el caso real del niño con autismo que te comparto en una de las páginas.

Al finalizar este libro, tendrás una idea mucho más clara del inmenso potencial del Cannabis Industrial. Descubre con lujo de detalles todo lo que tienes que aprender de esta planta.

No esperes…

Un país entero puede cambiar su situación económica, ambiental y de salud con la información que plasmo en estas páginas.

Los Inicios del Cannabis

Esta planta pródiga (como he decidido llamarla) adopta un sinfín de nombres: Cannabis, marihuana, cáñamo, pasto, charuto, mota, hierba, juanita, entre muchos más; puesto que todos los idiomas del planeta tienen su particular término para denominarla. El Cannabis ha sido una de las plantas más populares de toda la vida, pues anteriormente la utilizaban con fines medicinales.

Se tienen datos que en la India ya se usaba desde el año 2000 a.C. y en el año 2727 a.C. el Cannabis era común en el Imperio Chino.

Por estos datos deducimos que el uso de esta planta se pudo haber extendido desde Asia Central hasta el Occidente. Inclusive, se ha descubierto que el consumo del Cannabis como sustancia psicoactiva fue muy común en algunas sectas islámicas.

Debido a que las fibras del Cannabis (o cáñamo) se pudren en poco tiempo, no hay mucha evidencia de que existía en América antes de la llegada de los españoles; pero algunos investigadores afirman que antes de Cristóbal Colón, el cáñamo ya era común entre los indígenas para la fabricación de telas, cestas, cuerdas, hilos, redes de pesca, bolsos y sandalias.

De la forma que haya sido, después del siglo XVII su consumo se propagó poco a poco por todo el continente. Para los años setenta del siglo XX, los jóvenes revolucionarios vieron en su consumo una rebelión antisistema. A partir de aquí, su consumo ha ido aumentando a nivel mundial. Esto convirtió al Cannabis en la sustancia prohibida más consumida, y por consecuencia, la más perseguida. Independientemente de que sus efectos secundarios sean leves y nunca nadie haya muerto por su consumo.

El cultivo del Cannabis es muy flexible. Se puede cultivar en exteriores así como en invernaderos o interiores con sistemas hidropónicos (método para el crecimiento de plantas sin necesidad de tierra). Cultivar en interiores requiere más trabajo porque se necesitan lámparas especiales, extractores de aire, hacer un cambio artificial de estaciones, utilizar programadores de aire fresco, el uso de ventiladores, tierra especial, macetas con sustratos únicos y agua con nutrientes determinados. Toda una faena.

Debemos saber también que hay diferentes tipos de Cannabis. Una de ellas es la *Cannabis sativa* la cual todo mundo conoce como cáñamo o cáñamo industrial. Es una planta de cultivo exterior/interior conocida por sus propiedades psicoactivas y medicinales.

Se puede considerar cáñamo a cualquier cepa de *Cannabis sativa* que contenga menos del 0.3% del compuesto psicoactivo conocido como THC.

Una cantidad mayor al 0.3% de este ingrediente psicotrópico THC y ya podemos mencionarla oficialmente como marihuana.

Si cultivamos el Cannabis Industrial en México, estaríamos a la vanguardia junto a otros países que han tenido grandes avances en este rubro. México tiene mucho potencial.

En Estados Unidos, donde se ha legalizado el Cannabis en varios estados, se puede percibir cómo aquellos con economías más bajas han tenido un repunte económico. Tal es el caso del estado de Oregón, donde esta legalización ha creado un estado generador de empleo genuino con un crecimiento comercial impresionante.

Hay que tener en cuenta también los avances en el campo medicinal gracias al estudio del Cannabis. Esta planta tiene un sinfín de propiedades medicinales, como lo es el ayudar en los casos de convulsión por epilepsia, controlar la ansiedad, aminorar el dolor corporal y disminuir la inflamación entre otras muchas cosas más.

En México existen muchos ejidos y comunidades que han sido abandonados debido a la gran ola de violencia que se ha suscitado en los últimos años en todos los rincones de la nación. Este país está repleto de extensiones de tierras fértiles con gran potencial para su aprovechamiento, aptas para cultivar Cannabis. Cuentan con las condiciones ambientales necesarias para obtener cosechas exitosas, y con ello convertirse en un país productor y exportador del mejor Cannabis del mundo.

De esta planta se pueden obtener grandes productos útiles que tocan la vida cotidiana del ser humano.

Nos provee de papel, sábanas, toallas, ropa, textiles más resistentes que el algodón, aceites especiales, combustible, muebles, alimento, pintura, tintura, biomasa, medicamentos, materiales de construcción y hasta partes para vehículos.

Además, es una planta que regenera el suelo en donde crece. Puede crecer en zonas semidesérticas y ayudar a la reforestación.

Uno de los mayores beneficios que yo veo, es que el Cannabis Industrial puede convertirse en un gran fabricante de papel, y por consecuencia, ayudar a la reducción de tala de los bosques mexicanos. Cada año que pasa el medio ambiente se ve más perjudicado debido a la deforestación desmedida que conlleva la producción de muebles, pilotes, carbón, papel, cartón, etc.

Plantar el Cannabis Industrial es fácil (algo de lo que voy a hablar más adelante). Muchos ejidatarios son grandes cultivadores que se han mantenido en el mercado negro debido a la negativa de legislar a favor de ella. Un factor muy importante para el incremento de la violencia, la emigración, la pobreza y la desigualdad social en México. Es tiempo de que se les haga justicia a todas esas regiones que han sido amenazadas y que han sido diluidas por la violencia.

Es una realidad que en nuestro país hay gran variedad de territorio donde es muy difícil generar desarrollo por su situación geográfica. No obstante, con la correcta implementación del Cannabis como motor económico, todas estas zonas podrían convertirse en prospectos favorables para sus habitantes, y así evitar la masiva migración que tanto se ha dado en los últimos años. Se cuenta con alrededor de 10 millones de hectáreas aptas para sembrar Cannabis, sea en exterior como en interior.

Una ventaja inicial, es que los mexicanos tienen gran conocimiento sobre el cultivo. En Estados Unidos, el 80% de las personas que cultivan el Cannabis son mexicanos, patrocinados por norteamericanos dueños de los recursos económicos. La legalización en México será de gran trascendencia económica para tantas personas que están en la espera de que esto suceda, puesto que implica un gran impulso para el sector campo de México. Ese sector que, hoy en día, posee de tantos cultivos que no están funcionando por culpa de los diferentes fenómenos climáticos (como la sequía), las plagas y demás enfermedades, así como por la baja de precios en los mercados nacionales e internacionales.

Esta planta, despenalizada y desregulada, podría sustituir otros cultivos poco rentables para así fomentar una gran nación exportadora de Cannabis de calidad. Sin duda alguna, México se convertiría en un país potente.

La verdad de esta sustancia nos la han ocultado por mucho tiempo, pues que sea ilegal poco tiene que ver con sus efectos. Un hombre muy poderoso decidió ignorar la ciencia en beneficios de sus propios intereses.

Pero hoy, la medicina tiene otros datos a la luz. La marihuana y el cáñamo contienen antiinflamatorios, antioxidantes, probablemente compuestos anticancerígenos, por lo que algunos oncólogos recomiendan la marihuana para la falta de apetito, náusea, dolor, depresión e insomnio. Si los expertos saben que esta planta no es peligrosa y que el tabaco y el alcohol son mucho más dañinos para la salud, ¿de dónde viene tanto rechazo?

Los prejuicios comenzaron con ese hombre misterioso al que me referí anteriormente: el jefe de la oficina federal de narcóticos de Estados Unidos en 1930, Harry J. Anslinger. Como la prohibición del alcohol fue un fracaso, Anslinger buscaba otro proyecto para que su departamento no se viera obsoleto, así que se enfocó en combatir y criminalizar otra sustancia recreativa: la marihuana. Para este objetivo reunió a 30 especialistas, pero 29 de ellos le dijeron que esta planta no era una amenaza preocupante. Anslinger, para salirse con la suya, usó la evidencia del único científico que estuvo en contra del Cannabis.

Anslinger aseguró que la marihuana ponía a la gente más violenta. En especial a los negros, hispanos, filipinos y músicos de jazz. Odiaba a las minorías y al jazz que inventaron. Su esmero en retratar a la marihuana como un enemigo funcionó, sobre todo para extender su prejuicio hacia esas comunidades. Y una imposición federal a la planta del Cannabis no se hizo esperar.

Los medios repetían los discursos de Anslinger, y la gente de EE. UU. Le creía. Cuando un país se negaba a seguir su petición de criminalizar el Cannabis, este hombre no dudaba en tomar medidas severas para coaccionarlos. Eso le pasó a México, pues los mexicanos se rehusaban a crear una ley sin sustento científico. Por ello Anslinger hizo que Estados Unidos presionara prohibiendo la exportación de medicinas. Esta fue la razón por la que México tuvo que acceder a prohibir la marihuana.

Las mentiras de Anslinger dejaron raíces profundas en Estados Unidos, y los gobiernos siguientes las reprodujeron sin ponerlas a la luz de la duda. Es cierto que la marihuana debe de estudiarse con más rigor científico. Se necesitan regulaciones para que pueda recetarse de forma segura y efectiva, pero la campaña de desprestigio en su contra nunca tuvo sustento válido. Cada vez más países se han dado cuenta de esto y han decidido regularla y legalizarla.

En México nos estamos quedando muy atrás de otros países que ya han aceptado el Cannabis. No podemos ser la excepción, debemos de estar a la altura para ser competitivos en esta materia.

Importancia Económica del Cannabis

La legalización del Cannabis en algunos estados de Estados Unidos, con fines fiscales y de control de cierto orden en los consumidores; ha despertado un gran interés en México, en especial la regularización con fines medicinales y recreativos. Esto se debe al gran auge macroeconómico que puede llegar a significar para el país. El mercado de la marihuana es notablemente productivo, ya que se estima que, en Estados Unidos, durante el año 2016, hubo un incremento económico de al menos 6.6 billones de dólares. Desde entonces, los números han ido aumentando año tras año.

Los estados que tienen legalizado el Cannabis en Estados Unidos son:

Alaska

Se legalizó en 2015 el uso lúdico de la sustancia a mayores de 21 años y se puede portar hasta 28 gramos. No obstante, sin los permisos correspondientes, sigue siendo ilegal tanto su venta como su consumo en público. Fue un año más tarde cuando se abrió la primera tienda de venta de productos del orden cannábico.

Colorado

Es legal el uso recreativo de esta sustancia desde el año 2012. No se debe fumar o consumir en público, ni se puede hacer venta de ésta.

Maine

Se puede portar hasta 70 gramos de marihuana, pero es ilegal comercializar.

Oregón

A partir de 2015, se agregó el permiso de uso recreativo de marihuana. Además, los residentes de esta región pueden cultivar hasta cinco plantas. Fumar en público es ilegal. Se pueden obsequiar productos comestibles preparados a base de Cannabis, siempre y cuando se haga de manera particular y privada.

Nevada

Los ciudadanos mayores de 21 años pueden cultivar sus propias plantas, sólo si se encuentran a más de 40 kilómetros de una tienda oficial. Pueden portar consigo hasta 28 gramos de flores o 3.5 gramos de comestibles, siempre que hayan sido adquiridos en tiendas certificadas.

California

Aunque no se puede comercializar marihuana en un horario de 22 a 6 horas, la venta y consumo de las sustancias es legal desde el 01 de enero de 2018. Aquí, la marihuana con usos medicinales ya era legal desde 1996.

Vermont

Se trata del noveno estado en legalizar el uso lúdico de marihuana por ley. La legislación por la que se logró señala que se pueden cultivar seis plantas: dos en estado de maduración y cuatro en crecimiento. Al igual que en otras regiones, se puede portar hasta 28 gramos de producto.

Washington

Es uno de los estados que más ventas registra de marihuana de forma legal. No obstante, el cultivo sólo se puede realizar con fines medicinales.

Washington DC.

En 2014, la capital estadounidense aprobó el uso lúdico de esta droga. Según la ley, los ciudadanos pueden portar 56 gramos y obsequiar un máximo de 28.

Massachusetts

Las familias pueden cultivar hasta 12 plantas. Los ciudadanos pueden llevar consigo hasta 28 gramos de marihuana.

En Estados Unidos, es legal el consumo medicinal en 29 estados. Sin embargo, la situación cambia si hablamos de uso recreativo, consumo y comercio de este producto natural. Cada estado regula de manera distinta el uso y el comercio de sus sustancias.

México, tras sus crecientes problemas relacionados con el desempleo, y más si tomamos en cuenta el contexto de COVID-19; debería enfocar sus políticas a la implementación del cultivo del Cannabis, como un potencial reactivador económico, tal cual como se demuestra en el caso de los países y estados que la tienen legalizada.

De acuerdo con el instituto nacional de estadística y geografía I.N.E.G.I., de los más de 12 millones de empleos perdidos durante la pandemia, sólo se han recuperado 2 millones. Son muchos los mexicanos que se sumaron a las filas del desempleo por culpa del COVID-19 y sus variantes, más todas las empresas pequeñas, medianas y grandes que no podrán reabrir sus negocios por falta de capital.

Si en nuestro país el Cannabis estuviese legalizado, su industria podría aliviar la pérdida de empleo y promover una reactivación económica. En Estados Unidos, a pesar de no ser legal a nivel federal, aún así, genera más de 321 mil empleos. Un solo dispensario allí paga entre quince y dieciocho dólares la hora. En esta industria trabajan mujeres y hombres de todas las edades, ya que en el proceso de las diferentes transformaciones del cultivo se ocupa mucha mano de obra.

De acuerdo con agencias especializadas en Cannabis, esta industria solo puede ir a la alza, pues durante la pandemia del COVID, el Cannabis no sólo logró generar nuevos empleos en Estados Unidos, sino que también creció a nivel global.

Siendo México socio comercial de sus países vecinos, considero que es de urgencia no retardar más la regulación de la industria del Cannabis. Es necesario que esta ley proteja al mercado nacional y a los productores mexicanos, que promueven al país como un exportador cannábico, y no un importador. Así como también ayudar a mantener toda la cadena de producción en territorio mexicano, desde la semilla hasta el anaquel, para poder estar dentro de los 8 mil millones de dólares que plantean las agencias especializadas de Cannabis para 2026.

En México, el esfuerzo a favor de la contención y prohibición destina 16 veces más recursos financieros que los destinados a políticas públicas preventivas y de salud para evitar el consumo.

Hay muchas empresas trasnacionales que están dispuestas a invertir en México, que solo están esperando la legalización para entrar al país y así contribuir al desarrollo económico y sustentable agrícola. Mientras se les permita trabajar y convertir los ejidos y comunidades rurales e indígenas en potentes capacitados para el cultivo de Cannabis, se podrá reactivar la economía que se verá reflejada en los bolsillos de los trabajadores y sus familias.

Para que las empresas transnacionales no se aprovechen de las diferentes licencias que otorgarán las autoridades correspondientes, es muy importante que antes se empodere a las comunidades rurales y comunidades indígenas. A los pequeños propietarios de tierras se les debe proveer de infraestructura, conocimientos y compartir un análisis sobre la importancia de la comercialización.

Existen en México alrededor de 2 millones de agricultores con visión y ambición de producir, distribuir y comercializar Cannabis a diferentes países, por lo que rápidamente seríamos una potencia exportadora, con mirada a un futuro globalizado. Esto provocaría una baja en el desempleo y un alta en los ingresos del mexicano trabajador de la industria.

La mayoría de las personas que han emigrado, se encuentran con el anhelo de un día poder regresar y volver a producir en sus propias tierras, sembrando cultivos que le sean redituables para sacar a su familia adelante, y volver a tener ese arraigo en cada uno de los ejidos y comunidades de donde son originarios.

La migración a otros municipios, ciudades y estados, ha generado un grave problema para las autoridades, debido al incremento y demandas de los servicios públicos básicos. El presupuesto que se les otorga a los municipios por parte de la Federación y el Estado está basado en los censos de población del INEGI que se realizan cada 10 años, por lo que el crecimiento en las ciudades y los presupuestos son insuficientes para suplir las necesidades básicas que demandan los ciudadanos, y esto a su vez genera un estrés para las autoridades de los tres órdenes de Gobierno.

Los desplazados se ven relegados debido a la negativa de las autoridades para brindarles servicios, debido a que sus identificaciones personales no pertenecen a la demarcación geográfica del municipio, lo que hace que se incrementen las demandas sociales.

En el año 2018, la consultoría de negocios *Grand View Research*, publicó que este mercado global estaba valorado en unos 15.7 billones de dólares y se le auguraba un crecimiento anual de 13.5%. México es el segundo productor de Cannabis del mundo. Entre 2016 y 2017, el país cultivó más de 9,600 hectáreas de Cannabis y produjo más de 11,500 toneladas de producto. Este cálculo está basado en las erradicaciones de plantíos ilegales, reportadas en documentos como el Informe Mundial sobre Drogas de las Naciones Unidas contra la Droga y el Delito.

México se encuentra avanzando en la legalización del Cannabis a nivel nacional, y podemos afirmar que se pueden llegar a generar entre 100 mil y 250 mil empleos directos e indirectos.

Con el Cannabis Industrial podemos conseguir una estrategia de reactivación productiva, con una perspectiva de desarrollo nacional. Con el gran potencial económico del Cannabis Industrial, el PIB puede crecer por el gran número de empleos que genera esta industria. La población económicamente activa crece un 2% promedio anual, la población aumenta un 2% y el 80% de la población vive con 1 a 5 restricciones sociales. En México se necesita que haya derrame económico para que siga creciendo el PIB, los programas sociales y los proyectos que ha implementado el Gobierno Federal. Necesitamos voltearnos a ver qué están haciendo otros países y qué les está funcionando para levantarnos económicamente. Es por ello que planteo como alternativa la implementación de esta planta pródiga y con ello salir de la crisis económica en la que se encuentra México. Este país se puede convertir en un importante exportador de productos elaborados de Cáñamo Industrial.

Hoy en día, los mexicanos están usando sus ahorros que tienen en las Afores, para sobrevivir en estos momentos de crisis. Urgen inversiones nacionales y extranjeras generando empleos para que las familias mexicanas puedan suplir sus necesidades. Solo durante el año 2020, $20,000 millones de pesos fueron retirados de las Afores.

Los movimientos de retiros sumaron $22,000 millones de pesos, de acuerdo con datos del CONSAR (Comisión Nacional del Sistema de Ahorro para el Retiro). Por tres años consecutivos se registraron máximos históricos. Al observarse la subida de los precios en el país, los retiros se incrementaron 39% durante 2021, en 2020 se registró el 61.3% y un 22.3% en 2019.

Industria textil

Un kilo de algodón requiere de hasta 10 mil litros de agua. Las fibras de cáñamo solo necesitan 500 litros.

La tela de cáñamo puede ser el perfecto sustituto del algodón, que es igual de suave pero más duradera y resistente que cualquier otra fibra textil.

Además, por ser resistente a las plagas, el cáñamo no necesita de agroquímicos o pesticidas que sí requiere el algodón.

La tela de cáñamo tiene muchas propiedades: puede durar hasta 4 veces más que el algodón, su biodegradación es muy rápida, es transpirable, es muy absorbente (ideal para climas cálidos y ropa deportiva), protege contra los rayos ultravioleta y tiene excelentes cualidades antibacterianas.

Y por si fuera poco, de la fibra de las plantas del Cannabis se elaboran pañales, bolsos, mexiquillas, zapatos de buena calidad. Sumada su capacidad de producción al hecho de que es amigable con el medio ambiente, la legalización del Cannabis en México estimulará el desarrollo de muchas nuevas industrias y se fortalecerá las ya existentes, que quieran optar por esta nueva forma de hacer textiles.

Industria papelera

El 40% de la madera para uso industrial se usa en la fabricación de papel y sus derivados. En promedio, el consumo anual mundial es de 48 kilogramos de papel por persona. Cada año, alrededor de 15 mil millones de hojas se usan en oficinas por todo el mundo. Los árboles proveen el 90% de la pulpa de celulosa para hacer esas hojas y un 35% de todos los árboles talados se usan para la producción exclusiva de papel. En el año 2017, la cantidad de papel consumida a nivel mundial superó los 423 millones de hojas. Por ello, nos ponemos a pensar cuántos árboles habrán sido talados para completar esta cuantiosa cifra.

Cada vez más, los supermercados en el mundo están optando por sustituir las bolsas de plástico por papel-cartón u otros materiales 100% biodegradables y reciclables. En algunos estados de México, como Sinaloa, en su legislación pasada se aprobó la ley para la prohibición del plástico desechable.

Por estos motivos, el cáñamo está siendo visto con buenos ojos en el mundo para sustituir a los árboles. El 90% del papel se fabrica con celulosa que requiere de la deforestación de muchos árboles. Es un proceso complejo que daña al ambiente.

Las ventajas del cáñamo, como vimos anteriormente, son innumerables. Y muchos inversionistas tienen la mira puesta en esta planta, porque representa además una gran oportunidad de negocio. Papel de impresión, papel fino, papel especializado, papel de filtro, papel periódico, cartón, embalaje, texturas, entre muchos más; que pueden ser de gran utilidad para la cotidianeidad del humano.

Resulta ideal en la elaboración de productos de higiene duraderos como los pañales, ya que es muy resistente cuando se somete a continuas tensiones. Además, evita alergias e irritación en zonas sensibles del cuerpo.

El cáñamo es una planta dioica (que tiene flores masculinas y femeninas), es extremadamente versátil, se da en 90 días y se puede cultivar en interior o exterior.

Otras aplicaciones

La planta cannábica nos puede proveer de: bramante, cuerdas, redes, lienzos, lonas, alfombras, agro compuestos de fibra y piezas moldeables, revestimiento de freno/ embrague calafateo.

Pintura al óleo, barnices, tintas de impresión, combustible, disolventes, lubricantes, masillas, revestimientos, forrajes, biopesticidas.

Proteínas, aminoácidos, suplementos nutricionales. Alimento para pájaros y peces. De consumo cotidiano: cerveza, bebidas, aceite para ensalada, harina, torta de semilla.

Combustible para la caldera, materia prima para pirólisis, biomasa para construcción, químicos abrasivos, aceites industriales.

Importancia en la cosmética y cuidado personal

Con la planta de Cannabis Industrial (conocida también como *Hemp*), se pueden extraer muchas propiedades para el cuidado personal como jabón, champú, geles íntimos y de baño, cosméticos, lociones, cremas y bálsamos. Es por ello que hoy en día muchos artistas y personas de la belleza están utilizando los aceites y cremas hechas con Cannabis (*Hemp*) CBD, por su alta efectividad, que les ha resultado para mantener la piel fresca e hidratada y porque les ayuda a quitar manchas de la piel sin efectos secundarios.

Industria de la construcción

Conglomerado, aislante, sustituto de fibra de vidrio, cemento, estuco y mortero, lecho para animales, abono y composta, incompuestos, concreto.

Importancia agrícola

Supresión de malas hierbas, menos necesidad de pesticidas que usan la mayoría de los cultivos, aislamiento del polen, mejora del suelo en la rotación de cultivos, y sus raíces profundas oxigenan el suelo.

En Estados Unidos, muchos cultivadores de pera, manzana, alfalfa, entre muchos, han optado por la implementación de Cannabis en sus tierras. Esto es debido a la rentabilidad económica que les da el realizar estos cultivos, en especial cuando las huertas son viejas. La rotación de cultivos para la regeneración del suelo hace que se regeneren los nutrientes en la tierra, de los que se alimentan las plantas que se siembran.

Otros beneficios del Cannabis

Importancia en la salud

La marihuana medicinal no brinda riesgos para la salud, de acuerdo a la OMS (Organización Mundial de la Salud), por eso puedo afirmar que el consumo de esta hierba es una opción muy efectiva; como veremos más adelante.

La legalización del cáñamo en México será de gran ayuda a la ciencia médica, pues el Cannabis medicinal tiene posibles beneficios para evitar enfermedades y ayudar a sanar los efectos secundarios de algunos tratamientos tradicionales.

En algunos estados de los Estados Unidos donde el Cannabis es legal, algunas enfermedades se autorizan para tratarlas con marihuana medicinal. Cumpliendo con ciertos requisitos, una persona afectada podría calificar para el tratamiento de las siguientes enfermedades y trastornos:

- Cáncer
- VIH/SIDA
- Glaucoma
- Dolor severo y crónico
- Artritis
- Enfermedad de Alzheimer
- Enfermedad de Crohn
- Epilepsia y convulsiones
- Esclerosis múltiple y espasmos musculares
- Esclerosis lateral amiotrófica (ELA)
- Náuseas severas
- Ansiedad
- Depresión
- Estrés
- Insomnio

Para todo este listado, muchas personas utilizan el aceite de cáñamo que no es psicoactivo y posee una larga lista de indicaciones terapéuticas y preventivas. Con una gran cantidad de ácidos grasos omega 3, conocidos por reducir la inflamación. También posee vitamina C, calcio, hierro, magnesio y ácido gamma linolénico.

Todos estos nutrientes aportan minerales vitales para las células del cuerpo, ayudando a una buena salud y un sistema inmunológico fuerte. Además, ayuda a mantener una piel sana. Por ello, muchas personas de renombre internacional hoy en día lo están empezando a utilizar. Ya son varias las investigaciones que han demostrado su eficacia en materia dermatológica. Previene la psoriasis, el eczema, la dermatitis, la rosácea y el acné.

Por otro lado, este aceite de cáñamo no produce efectos secundarios si se utiliza en dosis adecuadas recomendadas por un médico especialista. Otros estudios, han confirmado que es bueno para el corazón, gracias a las cantidades de ácido alfa-linolénico. Parecen reducir el riesgo de enfermedades cardiovasculares, por lo que su consumo puede reducir el riesgo de problemas cardíacos.

Muchos productores de Cannabis utilizan el mismo aceite de cáñamo para relajarse del ritmo que conlleva el trabajo pesado del cultivo. Ellos mismos extraen el aceite de cáñamo y lo utilizan en goteros. De los entrevistados, todos se han sentido muy satisfechos por los resultados obtenidos. Asimismo, recomiendan que las personas que tengan algún padecimiento acudan con su médico y pregunten si pueden experimentar con el aceite de cáñamo, que se utiliza regularmente de manera sublingual para que el efecto sea mayor.

Ninguno ha presentado alguna complicación o efecto secundario, sino al contrario. Siempre se manifiesta la mejoría íntegra del individuo y la comunidad.

Madre proporciona Cannabis a su hijo de nueve años con autismo severo y le cambia la vida

Marie Myung-Ok Lee publicó un artículo en el *Washington Post* el 6 de enero de 2017, en el que la autora, novelista y cofundadora del Taller de Escritores Asiáticos Americanos, describe los efectos positivos del Cannabis en la salud de su hijo de nueve años quien padece de autismo severo.

En su texto mencionó cómo veía a su hijo en constantes episodios violentos donde se golpeaba a sí mismo en la cabeza, gritaba por horas y se comía su propia ropa. Incluso, cuenta que había veces en las que el niño tenía hasta trescientos episodios de este tipo por día.

Lo más trágico de su relato es que trataron toda clase de tratamientos, incluso se podría decir que se le habían acabado todas las opciones para contrarrestar los efectos del autismo de su hijo, incluyendo la asistencia de Soma Mukhopadhyay, una autoridad en el mundo autista.

Llegó a tal punto que todos los medicamentos dejaron de funcionar y no había nada que pudiera darle ni siquiera un respiro.

Frustrada y desesperada, encontró en un libro de soluciones naturales para la salud, que la planta del Cannabis podría ayudar con el autismo y ser un tratamiento paliativo para éste.

Afortunadamente, luego de luchar por un buen tiempo con la burocracia y las leyes del sistema, por fin logró que su hijo fuera la persona más joven portadora de una licencia para usar el Cannabis medicinal.

Aun así, tuvo que pasar bastante tiempo para descubrir la dosis precisa y el mejor tipo de Cannabis para calmar los ataques violentos de su hijo, ya que el asesoramiento médico en ese entonces era escaso.

Marie Myung-Ok Lee afirma en su artículo que al final, todo parecía un milagro: el niño empezó a dormir bien toda la noche, ya no se golpeaba la cabeza, volvió a sonreír y todos sus dolores y molestias desaparecieron por completo. Al ver todo este escenario, su pediatra dijo: "lo que sea que estén haciendo, síganlo haciendo".

Hoy, el niño es ya mayor de edad. Vive con su madre en la ciudad de Nueva York, donde el Cannabis recreativo para adultos es legal, pero muy difícil de encontrar todavía.

Seguridad pública

Con la regulación del Cannabis en México, es la expectativa que disminuya la violencia de los grupos del crimen organizado. El Gobierno deberá de implementar estrategias políticas, sociales y culturales con el apoyo de sus tres niveles, para así evitar que haya plantaciones ilegales de *Cannabis sativa* y que siga el mercado negro.

En Estados Unidos, les ha funcionado la estrategia implementada en el año 2021. Consiste en juntarse cinco agencias de Gobierno, Condados, Estatal y Federal, que trabajan en coordinación para realizar verificaciones de que el Cannabis sea legal y cumpla con las medidas planteadas por el Estado, responsable de entregar los permisos de siembra y cultivo.

Los cultivadores de Cannabis deben de pagar impuestos al gobierno, y cumplir con todas las disposiciones que éste establece. Como por ejemplo, los permisos de agua, que deben ser solicitados ante la instancia correspondiente, por lo que el granjero debe planificar cuántas plantas va a cultivar. En base a esta carpeta es que se hacen los cálculos de agua correspondiente.

Importancia ambiental y ecológica

El Cannabis tampoco es inocuo para el medio ambiente. Un estudio realizado en Estados Unidos, donde esta sustancia está siendo legalizada en cada vez más estados, demuestra que su cultivo industrial bajo techo dispara el consumo de electricidad y la huella ecológica. No es ningún secreto que la industria del Cannabis rinde unos 13.000 millones de dólares, sólo en Estados Unidos. Gran negocio, pero menos evidente resulta el coste ambiental que lleva aparejada esta actividad en auge, en forma de emisiones de efecto invernadero, a causa de su producción comercial, principalmente en interiores.

Un estudio por investigadores de la Universidad de Colorado, ofrece datos más exhaustivos sobre la huella del carbono, un tema del que se tenía hasta ahora un conocimiento limitado. La demanda de Cannabis por parte de los consumidores, según la estadística, no muestra signos de detenerse.

El Cannabis es una planta muy versátil, pues además de sus muchas varias aplicaciones, puede ayudar en el combate de la contaminación ambiental. Es una de las plantas que más dióxido de carbono puede absorber en la atmósfera durante su cultivo. Cada hectárea de cáñamo absorbe del aire entre 20 y 30 toneladas de CO2 por año.

Los plásticos biodegradables que se hacen con cáñamo tienen muchos beneficios, entre ellos que se degradan en ochenta días. Comparados con los que están hechos de petróleo, que en general no son biodegradables y están llegando a los océanos. Tengamos en cuenta que hoy en día, hay alrededor de 8 millones de toneladas de plástico en los océanos, lo que indica una gran contaminación por el envenenamiento a las especies marinas y el ecosistema.

Resalto un tema que se tocó a la brevedad, previamente. El cáñamo también combate la deforestación. Actualmente el 42% de la madera talada a nivel mundial es usada para fabricar las más de 420 toneladas de papel que consumimos en todo el planeta, y aun así hay desabastecimiento. El papel de cáñamo es el sustituto ideal. Estamos hablando de una planta que lo tiene todo: absorción de CO2, material resistente y sostenible, facilidad y velocidad de cultivo. Lo único que falta es una ley que permita desplegar todo su potencial como el cultivo maravilla que es.

El cáñamo es un recurso renovable y con su implementación en México los agricultores podrán vivir de sus tierras y a su vez serán conservadas para las nuevas generaciones. Volverá el interés por vivir en las tierras y los bosques. Habrá más interés por conservarlos y protegerlos.

Otras pequeñas curiosidades a tener en cuenta: el plástico a base de petróleo tarda en degradarse en la tierra 150 años, en cambio el plástico a base de cáñamo tarda en degradarse en la tierra solo 80 días.

Importancia en el turismo

En Estados Unidos, y ya hablando desde la experiencia personal, hay ciertos estados en donde el Cannabis forma parte de su atractivo. Y se presenta como una atracción turística en donde se invita a consumir, estudiar y entrevistar a quienes lo hacen. Esto eleva la economía general de la zona.

Como para citar un ejemplo, en la ciudad de Medford, Oregón, al llegar al aeropuerto uno se encuentra con cuadros colgados en las paredes de espacios públicos, que denotan la naturalidad con la que se tratan aquellos temas que giran en torno al Cannabis. Los mismos indican que el Cannabis es un atractivo turístico e invitan a los turistas a visitar los lugares donde se produce esta "planta pródiga".

Implementación sana en huertos domésticos

Muchos cultivadores se acampan por cuatro meses en el lugar donde cultivan el Cannabis, que es lo que dura para cosechar. Por lo que en los campamentos aprovechan para sembrar sus huertos para el sustento de ellos mismos con el fin de comer verdura fresca y sin algún químico, así como también se ahorran en comprar los vegetales.

En el curso de esos cuatro meses, ellos preparan su propia comida, los jefes les proveen de lo más necesario para que subsistan en ese tiempo, les dejan algo de dinero por si se les ofrece algo. Preparan sus casas de campaña y se van decididos a esperar el tiempo que sea necesario para ver cumplido los deseos de cosechar su anhelado Cannabis.

Figura Huertos y casa de Campaña.

Panorama legal del Cannabis medicinal en México

En 2017 el presidente constitucional envía al Congreso de la Unión la iniciativa sobre Cannabis medicinal.

En 2018 la Primera Sala de Justicia de la Nación (SJCN) resolvió en favor del uso del Cannabis en el rubro medicinal. También en el sexenio anterior se logró enviar una iniciativa sobre Cannabis medicinal y logra pasar la reforma, pero no el reglamento.

El 12 de enero de 2021 se publicó en el Diario Oficial de la Federación (DOF) el reglamento de la Ley General de Salud para el control de la Cannabis y sus derivados. Avala que pueden existir organizaciones produciendo con fines medicinales.

El 10 de marzo de 2021, se aprobó la Ley Federal para la Regulación del Cannabis en México.

Esta nueva ley permitirá la posesión de hasta 28 gramos de Cannabis para consumo personal, así como el cultivo de 6 a 8 plantas para personas mayores de 18 años.

La Suprema Corte de Justicia de la Nación, ha determinado que la producción y comercio del cáñamo debería permitirse. Por primera vez en la historia de México, una persona moral puede ampararse para que pueda producir cáñamo con fines industriales. Así, vemos el inicio de una eventual legislación.

La ministra Norma Lucía Piña, presentó un proyecto de amparo, votado a favor por unanimidad para analizar el derecho que tienen las personas y las empresas a la siembra, cosecha, producción y comercialización de Cannabis, con al menos el 1% de Tetrahidrocannabinol (TCH).

El proyecto se basa en artículos que establecen la autorización de sembrar, cosechar y producir Cannabis exclusivamente con fines de investigación médica. Los permisos serán autorizados por la Comisión Federal para la Protección contra Riesgos Sanitarios (COFEPRIS), y el Servicio Nacional de Sanidad, Inocuidad y Calidad Agroalimentaria (SENASICA).

El coordinador del PRD, Miguel Ángel Mancera, destacó que uno de los mayores debates que se han originado es sobre la edad mínima para poder consumirla. Algunos senadores plantean que se establezca en los 25 años, otros en 18 y otros más en 21.

¿Qué engloba la industria del Cannabis en México de acuerdo con la legislación actual?

- Autoconsumo consumo individual
- Asociaciones Cannábicas (consumo individual)
- Agronegocios

- Bancos de semillas (Genética)
- Cáñamo de uso industrial (Uso industrial)
- Científico (Científico)
- Consumo adulto (Uso recreativo)
- Cosméticos (Cosméticos)
- Productos derivados (Cosméticos)
- Terapéuticos (Uso medicinal)

El dictamen avalado por el Senado en el 2020 establece que es derecho de las personas mayores de 18 años consumir Cannabis. Ellos podrían cultivar y poseer en casa hasta 6 plantas de Cannabis, sólo para uso personal. Si en la casa o residencia vive más de una persona consumidora mayor de edad, podrá tener hasta ocho plantas.

La minuta incluye la creación del Instituto Mexicano de la Regulación y Control del Cannabis como un órgano desconcentrado de la Secretaría de Salud. Este Instituto tendrá la autoridad de emitir cinco tipos de licencias para controlar cualquier tipo de actos ilegal relacionado a la transformación, venta, investigación, exportación e importación del Cannabis.

El dictamen que el senado aprobó destaca que las medidas que el Gobierno Federal apruebe para la regulación del Cannabis y sus derivados deberán siempre asegurar la protección de grupos vulnerables y en estado de desventaja, como niños, adolescentes, mujeres, comunidad de la diversidad sexual, personas de la tercera edad y personas que padezcan algún tipo de discapacidad. Asimismo, establece la obligación prioritaria de atender a comunidades indígenas, campesinos, ejidatarios, comunidades agrarias y comunidades marginadas afectadas por esta regulación.

Estos grupos son los primeros que deben de ser atendidos, y a su vez tomados en cuenta, por tanto sufrimiento que han pasado en el transcurso de los años y tienen el derecho de ser primeramente tomados en cuenta para igualar la economía en todas las personas y regiones del país.

Modelo de regulación

Definición del modelo de regulación y gestión de las drogas.

Prohibición

Es el establecimiento de sanciones penales para la producción, distribución y posesión de ciertas drogas para usos no medicinales o científicos. Este término se utiliza en referencia al régimen internacional de control de drogas según lo definido por las convenciones y tratados de la ONU de 1961 y 1988.

Despenalización

Es el término comúnmente utilizado para describir la eliminación, para la no aplicación de penas criminales por el uso o posesión de pequeñas cantidades, o para parafernalia de droga de consumo personal algunas veces también se utiliza en referencias a otras infracciones menores relacionadas con drogas. Si bien ya no está demás dentro del ámbito penal, la posesión sigue siendo un delito sujeto a sanciones civiles o administrativas, como multas o cumplimiento de servicios.

Legalización

Es el proceso de poner fin a la prohibición, la producción, distribución, comercialización, y uso de drogas para "uso no medicinal o científico". En el contexto de las políticas de drogas, la legalización se refiere generalmente a la posición política que defiende la regulación legal o los mercados de drogas legalmente regulados de sustancias actualmente prohibidas.

Regulación

Es el conjunto de normas legalmente aplicables que controlan el mercado de la droga y que incluye la aplicación de diversos controles según los riesgos de las drogas y las necesidades de las realidades locales. Incluye la regulación de la producción, productores autorizados de los productos (precio potencia, embalaje) y de la disponibilidad (proveedores autorizados, ubicación, puntos de venta, dispensarios, controles de edad, y del marketing publicidad y marca).

FUENTE: "Un análisis de la incidencia de la regulación del Cannabis en California sobre las prácticas de consumo transfronterizo de residentes en Tijuana" 2018) 15

El Instituto Mexicano de Regulación y Control de Cannabis, deberá destinar recursos fiscales para atender las adicciones, como lo establece la Organización Mundial de Salud en Alcohol y Tabaco. Establece que se debe de destinar impuestos exclusivamente para el tratamiento y sus consecuencias a la salud y a la prevención. Todos sabemos que la prevención sale mucho más económica que un tratamiento médico. Por ejemplo, en Portugal tienen un modelo que han empleado políticas de reducción del daño, les dicen a los consumidores "no los vamos a encarcelar o juzgar, pero tienen que tratarse". Condicionarlos para que reciban tratamiento, por lo que en México debemos de seguir estos modelos que han funcionado en otros países, para que todos los consumidores de Cannabis lúdico puedan recibir tratamiento en caso de adiciones.

Hoy en día existe un grave problema sobre el consumo de alcohol y cigarros, así como el Cannabis lúdico del mercado negro, por lo que este Instituto debe de ser creador de programas de información a los jóvenes sobre qué pasará si consumen marihuana lúdica, así como los beneficios si el Cannabis se utiliza como medicinal.

Para los jóvenes se debe de contar con mucha información para que no caigan en el consumo de Cannabis lúdico y así evitar también incumplir con las leyes al hacer mal uso de ellas. También deben de ser los portavoces a sus papás sobre la importancia económica y médica que tiene, si la recomienda un médico especialista.

Los niños y niñas menores de edad por ningún motivo deben consumir Cannabis o tener contacto con ella. El cerebro del ser humano deja de desarrollarse a los 28 años de edad, por lo que si se consume antes de tiempo hace que se altere el hipocampo del cerebro y este empiece a tener problemas de memoria y otros problemas neurológicos.

Autoridades mexicanas que se involucran en la legislación del Cannabis en México

Secretaría de Salud

1. Control sanitario: se encarga de orientar, educar, seleccionar muestras, verificar y, en su caso, aplicar medidas de seguridad y sanciones.
2. Todo lo relacionado con el etiquetado y con el número de registro.
3. Ejercerá la rectoría sobre la cadena productiva de Cannabis psicoactivo y sus derivados, y su consumo.

COFEPRIS

1. Corresponde la regulación, control y fomento sanitario relacionado con los fines de investigación, fabricación y médicos de Cannabis, y sus derivados farmacológicos y medicamentos. Así como el control y seguimiento del testeado y trazabilidad, conforme a lo establecido en la ley general de salud y demás disposiciones jurídicas aplicables.
2. La implementación y administración del sistema de trazabilidad.
3. Efectuar la verificación sanitaria. Visitar laboratorios de control y calidad. Revisar sistemas de gestión de calidad, personal y resultados generados. Todo esto para confirmar condiciones de operación, infraestructura, procedimiento y prueba analítica.

CONADIC

1. Otorgar licencia a los particulares, el derecho a participar en uno o en varios eslabones de la cadena

productiva del Cannabis y sus derivados, con fines comerciales o de investigación.

2. Emitir permisos para producir Cannabis en casa, habilitación para uso personal con usos lúdicos.
3. Aprobar productos procedentes del Cannabis que contengan cualquier porcentaje de THC o CBD.

SADER

1. Decidirá la extensión máxima anual autorizada para la siembra de Cannabis, sea a cielo abierto o en interiores, por cada tipo de licencia autorizada.
2. Dará trámite y otorgará licencias relativas al cáñamo, previa opinión de la comisión de que tendrá carácter vinculante.
3. Calificará la semilla verificando su calidad genética, física, fisiológica y fitosanitaria de acuerdo a la ley de producción, certificación y comercio de semillas.

SNICS

1. Determinará los mecanismos y procedimientos para certificar y rastrear el Cannabis así como sus derivados y productos.
2. Regulará la producción, clasificación, comercialización y circulación de todas las semillas certificadas de Cannabis.

SENASICA

1. Regulará y promocionará la sanidad del Cannabis, así como la aplicación, verificación y certificación de los sistemas de reducción de riesgos de contaminación en la producción primaria.
2. Otorgará el permiso de siembra de las especies y variedades de Cannabis autorizadas.
3. Integrará el registro nacional de permisos de siembra de Cannabis con fines de investigación.

Cámara de Diputados

Serán los encargados de aprobar la ley del Cannabis, así como las regulaciones que les solicite la Secretaría de Salud, Poder Ejecutivo, Poder Judicial, Suprema Corte de Justicia de la Nación, y demás secretarías e instancias participantes.

Cámara de Senadores

Serán encargados de aprobar la ley que emita el Congreso de la Unión y que se cumplan los criterios de las distintas instancias correspondientes.

Cámara de Diputados en los Estados

Estos serán responsables de vigilar y/o aprobar leyes secundarias en cada uno de los estados en caso de que las leyes federales no se cumplan o alteren el orden y esto sea competencia estatal y/o municipal.

Código Penal Federal

El Código Penal Federal deberá ser reformado para que este a su vez permita a las personas portar 28 gramos de Cannabis y demás especificaciones que emita la ley una vez que sea aprobada por el Senado de la República.

Carta Magna de México

En 1917 se creó la Constitución Política de los Estados Unidos Mexicanos, conocida como la Carta Magna. Fue instituida para regir jurídicamente al país, fijando límites y precisando las relaciones entre los poderes de la Federación (Legislativo, Ejecutivo y Judicial) entre los tres órdenes diferenciados del Gobierno (Federal, Estatal y Municipal) y entre los ciudadanos.

Aduanas

Cuando se legalice el Cannabis en México, será muy importante modificar o anular algunos artículos, párrafos e incisos de la Ley de Aduanas para así poder exportar el Cannabis a otros países.

Inconvenientes sobre la regulación del Cannabis

Algunos de los inconvenientes que pudiera presentarse con la implementación del Cannabis en México son los siguientes:

- Altera al sistema neurológico si se consume antes de los 18 años
- No establece la ley que protegerá a los consumidores
- Se abre el mercado para las grandes empresas transnacionales
- 8% de ganancia al narcotráfico
- Posibles problemas de adicciones
- La Suprema Corte de Justicia de la Nación carece de asistencia técnica
- Cadenas productivas neoliberales

- Incertidumbre con la entrega de licencias
- Pudiera haber consecuencias para los niños y niñas
- Prevalencia de consumo
- Recaudación a base de degradación
- No es inocuo para menores de 25 años, el cerebro aún no termina de desarrollarse
- Las empresas transnacionales serán las que aprovechen las licencias debido a que las comunidades y ejidos no cuentan con la estructura, conocimiento, ni comercialización

Biología del Cannabis

El Cannabis o marihuana es una planta anual, erecta y generalmente dioica, es decir, las flores macho y las flores hembra suelen brotar en individuos diferentes. Las plantas hermafroditas poseen órganos sexuales masculinos y femeninos, por lo que este tipo de plantas se auto polinizan y producen flores con semillas, además de transferir el hermafroditismo en sus genes, cualidades muy molestas para cualquier cultivador. Es una especie muy extendida por el planeta que crece en todos los continentes, salvo en la Antártida. El ser humano ha cultivado Cannabis desde hace miles de años para obtener diferentes bienes como comida, fibra, aceites, marihuana. Fue en Asia donde se cultivaron las primeras plantas por el hombre.

A pesar de que existen multitud de variedades de Cannabis, todas las plantas poseen la misma anatomía. El conocimiento de esta es muy importante a la hora de realizar un cultivo con éxito y comprender el comportamiento de la planta.

Clasificación Taxonómica Del Cannabis

Reino	Plantae
Subreino	Tracheobionta (Plantas Vasculares)
División	Magnoliophyta (Plantas con Flores)
Supervisión	Spermatophyta (Plantas con Semillas)
Clase	Magnoliopsida (Dicotiledóneas)

Subclase	Hamamelidaceae
Orden	Urticales
Familia	Cannabácea
Género	Cannabis

Características

Generalmente dioica, tallo recto, hojas palmadas y estipuladas opuestas. Cada hoja se compone de entre 3 a 9 foliolos. Tamaño de hasta 3 a 4 metros de alto. Las flores femeninas y las masculinas se encuentran en plantas distintas con pelos y glándulas.

Ciclo vital

El ciclo natural del Cannabis comienza con la primera semana, cuando germinan las semillas. Es una planta anual, nace, crece, se reproduce y muere. El Cannabis germina y crece en primavera. Florece a lo largo del verano y se cosecha a principios de otoño.

Tipos de Cannabis

Cannabis (Cannabis) cualquiera de las tres especies relacionadas con la planta de (*Cannabis sativa*, *Cannabis índica* o *Cannabis ruderalis*,) cuyas flores, frutas y hojas secas se usan con mucha frecuencia para diferentes usos.

Cannabis índica

Más corta y tupida, es conocida por su efecto sedante y suave. Las variedades de la *Cannabis índica* han mostrado ser muy efectivas para tratar dolores crónicos, artritis, reumas, esclerosis múltiple, Parkinson, insomnio, ansiedad y trastornos relacionados.

Cannabis sativa

Son ramas abiertas y altas, conocidas por sus efectos estimulantes en la mente por ser inspiradoras y energizantes (a diferencia de la *Cannabis índica*, que es más de tipo sedante). La variedad *sativa* es más efectiva para el tratamiento de náuseas por quimioterapias, malestares del VIH/SIDA, estimulación del apetito, tratamiento de la migraña, depresión, dolor crónico y síntomas similares.

Cannabis ruderalis

De baja estatura y sin ramas, tiene niveles naturalmente bajos de THC y se usa principalmente para la reproducción con otras cepas.

COMPONENTES QUÍMICOS

Los cannabinoides son sustancias químicas presentes en el Cannabis. Son los causantes de los efectos que causa la planta (negativos o positivos) y hay más de 100 de ellos. A continuación mencionamos solo unos cuantos:

THC (Tetrahidrocannabinol)

Es el ingrediente psicoactivo del Cannabis. El responsable de causar el estado de euforia o la sensación de estar drogado.

CBD (Cannabidiol)

Compuesto del Cannabis que no produce euforia. Vinculado a efectos favorables para la salud, como reducción de la inflamación, dolor, ansiedad, etc.

CBN (Cannabinol)

Tampoco produce euforia. Relacionado a la disminución de síntomas de trastornos neurológicos.

CBG (Cannabigerol)

Sin efectos psicoactivos. Favorable para la depresión, ansiedad y síntomas del trastorno obsesivo compulsivo.

Terpenos

Forman parte de los aceites esenciales que tienen muchas plantas. Responsables de las características de su aroma y sabor. Hay más de 40 terpenos en cada tipo de Cannabis.

Flavonoides

Fitonutrientes responsables de los colores brillantes y atractivos de la planta.

Con el uso del Cannabis se han reportado excelentes resultados para el tratamiento de muchos problemas de salud, incluyendo el retraso de la aparición del Alzheimer, la mejoría de los síntomas de la quimioterapia, el retraso de la reproducción de células cancerígenas, además de ayudar a combatir estados de estrés, ansiedad y depresión.

Para efectos de salud, las dosis de estos diferentes cannabinoides pueden ser diferentes para cada persona, por ello recomiendo que el lector consulte a un especialista antes de intentar el uso de estas sustancias.

SEXADO

El Cannabis es una planta dioica (tienen flores masculinas y flores femeninas). Sin embargo, sus flores crecen en individuos distintos, por lo tanto hay plantas de Cannabis hembras y otras Cannabis macho. Además, hay plantas hermafroditas, es decir monoicas, que tienen flores macho y flores hembra en la misma planta.

Sólo las plantas hembra son las que están en el interés de los cultivadores. Las que son machos son poco psicoactivas y polinizan a las hembras, llenándolas de semillas y reduciendo mucho el potencial del producto final. Las plantas hermafroditas son difíciles a veces de detectar debido a que los huevos los tienen en el medio de la flor y estas pueden polinizar a las demás plantas, y más que eso pueden también pasar su genética hermafrodita a las semillas. Es decir, si esto sucede se corre el riesgo que las semillas que se germinen después tengan muchas plantas hermafroditas.

La mejor marihuana es la que está libre de semillas, formada por plantas hembra sin polinizar. Cuando una planta hembra comienza a florecer, intenta mantener sus flores fértiles a la espera de que sea fecundada por el polen del macho. Si este polen no llega, la hembra sigue fabricando nuevas flores y engordando los cogollos con resina mientras intenta mantenerse fértil. Esta vana esperanza de la planta es el mejor aliado del cultivador. Este polen a veces llega por medio del aire y otras veces por las abejas que llegan y recolectan el polen y dejan parte del polen que traen.

Las plantas hembra sin polinizar son las mayores productoras de cannabinoides psicoactivas, por lo que los cultivadores siempre están muy al pendiente todos los días en esta fase de la planta para evitar la polinización por el macho y la planta hermafrodita.

Los machos y las hembras crecen de formas diferentes. Se cultiva la misma variedad de Cannabis y puede observar que las plantas que serán machos tienden a ser más grandes y espigadas. Esto con la finalidad de poder esparcir su polen, siempre es así y es la única forma de saber el sexado de la planta. Esta información la detectamos en las flores y las preflores.

Germinación

La vida vegetal nace con la germinación de la semilla. Cada semilla es una planta en estado latente. Cuando se combinan temperaturas cálidas y alta humedad, la semilla absorbe humedad y se hincha. El agua que entra en la semilla hace que ésta se active. Se abre la cáscara de la semilla y asoma una pequeña raíz. La radícula, que se clava en la tierra profundizando cada vez más al penetrar. La radícula empuja los cotiledones junto con la cáscara de la semilla fuera de la tierra.

Crecimiento por semilla

Aquí es cuando nuestra planta produce las raíces sobre la que crecerá sana y fuerte. Además, debemos regar cerca del tallo y mantener una temperatura constante de aproximadamente 25º C y una humedad del 65%. Veremos las primeras hojas con folíolos finos y dentados. Puedes ver a lo que nos referimos en la imagen. Cuando la planta genera el mismo número de folíolos por hoja, la primera fase de crecimiento se da por terminada.

La mejor marihuana es la llamada "sin semilla", cuyas flores no han sido polinizadas por ningún macho o por otra planta hermafrodita que los mexicanos siempre han conocido como "marimacho".

Tipos de semillas y variedades

La calidad de la cosecha depende de la genética de la variedad sembrada y, en segundo lugar, de los cuidados del cultivador.

Semillas de *Cannabis sativa*

Se cultiva bastante bien en climas húmedos. La *Cannabis sativa* es recomendada por los expertos para consumirla de día, ya que su principal efecto es aumentar la creatividad y la agudeza sensorial. Por esta razón es una de las preferidas entre los artistas.

Las semillas de la *sativa* causan una sensación más social y energética en las personas, permitiéndoles mantenerse mucho más activas. Las variedades *sativas* son muy apreciadas por su efecto estimulante.

Semillas de *Cannabis ruderalis*

Su origen proviene de Rusia, Mongolia y Kazajistán. Es un Cannabis pequeño, con poca necesidad de luz y poca producción de resina. No es una marihuana para consumirse con fines de recreación, más bien se utiliza para crear Cannabis híbrida o autofloreciente.

Semillas de Cannabis Autofloreciente

Generalmente, estas semillas son el resultado de la mezcla de *ruderalis* con *sativa* o índica, resultando en un Cannabis de gran potencia, de mucha calidad e ideal para el uso terapéutico. Son semillas productoras de plantas que no necesitan de cambios en los ciclos de luz ni tampoco el quitarles las plantas macho. Las autoflorecientes se cosechan entre dos y tres meses después de la siembra, independientemente del fotoperiodo y la época de cultivo.

Las semillas autoflorecientes tienen algunas variantes:

Sweet Skunk Automatic

La planta tiene un sabor y aroma muy fuerte y su efecto es rápido, potente y energizante. Sus semillas surgen del cruce de tres variedades: *Early Skunk, Critical* y *Ruderalis.*

Royal Critical

Muy conocida por su facilidad de crecimiento y su basto rendimiento. Es el resultado del cruce de tres variedades: *ruderalis, sativa* e índica.

Northern Light Automatic

Es uno de los tipos de Cannabis con más rendimiento. Recomendada para el cultivo de interiores; de sabor dulce y con efectos relajantes, es ideal para el uso terapéutico.

Royal Bluematic

Es de crecimiento rápido, lista para la cosecha en muy poco tiempo. Su sabor es dulce parecido al arándano azul.

Moby Dick Autoflowering

Esta variedad tiene un olor y sabor que evoca al incienso, al cedro y al limón, y es considerada como un Cannabis de calidad. Produce efecto de euforia.

Existen muchos cruces y variedades en el mundo del Cannabis, con propiedades y aplicaciones diferentes.

Las variedades actuales suelen ser híbridos de diversos tipos de Cannabis, que resultan en plantas intermedias entre índicas y *sativas* puras. La mayoría de los híbridos tienen un tamaño intermedio, buena producción y una floración media y corta.

Figura. Semillas de Cannabis.

Cotiledones

Este es el inicio de vida de la planta en su fase más vulnerable, por lo que se debe tener especial cuidado. Es en este momento crucial, para que luego siga creciendo en forma saludable. Se le llama cotiledones a la hoja primera de la planta, que parece como una forma redondeada.

Normalmente se le llaman hojas falsas, ya que en realidad dejan de crecer y se secan. Los cotiledones son dos hojas falsas de hojas redondeadas que sirven de reserva de alimento y de contener energía, una pequeña dosis de calorías que va a permitir la nutrición de la planta recién germinada, para que se haga la fotosíntesis mientras crece el primer para de hojas reales, con foliolos y cantos aserrados.

Figura. Germinación del Cannabis.

Partes de la planta

El Cannabis es una planta florida, anual y dioica.

En ocasiones se pueden encontrar plantas hermafroditas que poseen órganos sexuales tanto masculinos como femeninos, por lo que este tipo de plantas se autopolinizan y producen flores con semillas, además de transferir el hermafroditismo en sus genes, cualidades muy molestas para cualquier cultivador.

A pesar de que existen multitud de variedades de Cannabis, todas las plantas poseen la misma anatomía. El conocimiento de ésta es muy importante a la hora de realizar un cultivo con éxito y comprender el comportamiento de la planta.

Tallo

El tallo tiene la función principal de transportar el agua y los nutrientes por la planta. Permite que esta se mantenga en posición erecta y sea capaz de soportar el peso de las ramas y flores. Las partes del tallo desde donde salen las ramas se denominan nudos y las partes del tallo entre un nudo y otro nudo se llaman entrenudos. La longitud del tallo puede oscilar entre 0,2 y 6 metros, aunque habitualmente no sobrepasa los 3 metros.

Es muy importante que el tallo de la planta sea sólido para que sea capaz de soportar el peso de la planta y pueda transportar los nutrientes de forma adecuada. Para fomentar la solidez del tallo se puede poner un ventilador enfocando a las plantas para que esta cree resistencia al viento y tenga un tallo más fuerte.

Anatomía de las hojas

Las hojas del Cannabis tienen una forma muy característica. Están imparipinnadas con los márgenes aserrados. Durante su crecimiento va aumentando el número de pinnas o foliolos llegando a un máximo de 13. Cuantos más foliolos tenga la hoja, más sana está la planta.

Las hojas cumplen funciones muy importantes en la planta ya que son las encargadas de realizar la fotosíntesis y de la transpiración, entre otras.

Principales partes de la hoja

Haz

Cara superior de la hoja, recibe la luz de forma directa y es de color verde intenso.

Envés

Es la cara inferior de la hoja, contiene la mayoría de las estomas y es de color verde claro.

Peciolo

Es el rabillo que une la hoja con el tallo.

Estípula

Apéndice foliáceo simétrico situado en los nudos, en la base del pecíolo.

Folíolo O Pinna

Cada una de las partes separadas del limbo de la hoja. El Cannabis tiene una hoja compuesta ya que posee varios foliolos y éstos son impares.

Sistema Vascular

Son los nervios de las hojas y se encargan de transportar los nutrientes por ella.

Flores

La parte que más interesa a todo cultivador son las flores. En el Cannabis, los cogollos que se consumen son las flores de las plantas hembra. La flor es el órgano reproductor de la planta, que se poliniza con el viento. La función principal de la flor es producir semillas para asegurar la reproducción de la especie. En el Cannabis, existen dos tipos de flores:

Género en las plantas masculinas

Son ramificadas y tienen estambres donde se encuentra el polen que sirve para fecundar las flores hembra.

Si la idea es obtener la flor se deben retirar las plantas de macho siendo estas las encargadas de polinizar a la planta hembra para producir semillas.

Figura. Imagen ilustrativa de Flor Macho.

Género en las plantas femeninas

Las plantas femeninas son productoras de cogollos. Las flores hembra son pistiladas y tienen cálices donde se encuentran los ovarios y los estigmas. Las partes de las flores hembra son:

Cola

Es el cogollo situado en el extremo de la planta y que también se conoce como ojo. En la parte superior de la planta se encuentra el cogollo apical.

Cáliz

Suelen tener forma de lágrima y es donde se encuentra el ovario. Tiene elevadas concentraciones de tricomas que contienen THC y otros cannabinoides.

Pistolo

Son los pequeños pelitos que están situados en el cáliz. En un principio tienen color blanco y van adquiriendo un color rojo, naranja, amarillo o marrón conforme la planta va madurando.

Tricomas

Son glándulas microscópicas encargadas de producir la resina de las flores. Se encuentran principalmente en la flor, aunque también están presentes en menor medida en las hojas y en los tallos. En los tricomas se encuentran los Cannabinoides y los terpenos.

Figura. Imagen ilustrativa de Flor Femenina.

Anatomía de las raíces

El sistema radicular se encuentra completamente bajo el suelo. Éste puede llegar a ser muy grande, casi como toda la planta, para permitir el acceso a aguas subterráneas. Evidentemente, cuando se cultiva en macetas o recipientes similares, el sistema radicular es más pequeño, aunque esto no impide que la planta pueda sobrevivir si tiene todo lo que necesita.

Las raíces son blancas y contienen pelos radiculares que son los encargados de la absorción del agua y nutrientes. Cuando las raíces son de color marrón es porque la planta no está sana y tiene algún problema.

Las principales funciones de las raíces son el anclaje de la planta al suelo y la absorción de agua y nutrientes, entre otras. Cuando se escarba y se observa la raíz de la planta blanca, quiere decir que la planta está sana, en cambio si la raíz esta de color café u otro color la planta no está sana.

Figura. Imagen ilustrativa de raíz de clones de Cannabis.

Género de las plantas hermafroditas

Las plantas hermafroditas, son aquellas que forman flores macho y flores hembra. La naturaleza es tremendamente sabia. Por eso, al igual que nos sucede a las personas y por supuesto a los animales, las plantas también se estresan o se marchitan si las condiciones en las que se encuentran no son las idóneas para su correcto desarrollo.

Cuando una planta de marihuana detecta que se van a presentar complicaciones en su proceso de floración, puede llegar a convertirse en hermafrodita. Desarrolla tanto flores masculinas como femeninas, es decir, que un mismo ejemplar acaba presentando los dos sexos. Es un proceso natural que se manifiesta en muchos otros tipos de plantas y también en algunos animales.

Las plantas de Cannabis hermafroditas (algunos les llaman "*hermies*"), tienen propiedades de Cannabis masculinas y femeninas. Suelen retirarse de las salas de cultivo para evitar la polinización no deseada de los cogollos.

Variedades de Cannabis

OG KUSH (Reyna De California)

Las semillas *OG KUSH* son de las más solicitadas en California y, por ende, del mundo. Fue nombrada como la mejor variedad de Cannabis de todos los tiempos por *High Times*, una revista mensual muy reconocida en los Estados Unidos.

Morfología

OG Kush es una planta de Cannabis de tipo índica, de estatura mediana, muy fácil de cultivar y de floración corta. Tiene muchas ramificaciones. Al tratarse de una planta tan ramificada, es muy recomendable podar para maximizar su producción. También se trata de una planta idónea para hacerla madre y sacar de ella montones de colones.

Producción

OG kush es una productora de cogollos de color verde lima, con mucha resina. Puede llegar a producir 550 gr/m2 en interiores y hasta 1,100 gr/m2 en exteriores.

Aromas y sabores

El *OG Kush* es muy popular por su sabor muy particular. Tiene una mezcla de intensos olores cítricos. Una combinación de aromas en verdad increíble.

Efectos

OG Kush es una variedad extremadamente potente en sus efectos psicotrópicos por sus altos niveles de THC del 24%. Su efecto es demasiado intenso, semejante a un potente zumbido físico y mental de trance eufórico.

Cultivo

OG Kush es una planta vigorosa, fuerte y fácil de cultivar. Su estructura arbustiva la convierte en una muy buena opción de cultivo de interior. En exteriores, se prefieren los climas templados. En los invernaderos, en las condiciones adecuadas, puede llegar a alcanzar los 3 metros de altura y cada planta producir hasta 1,100 gramos.

OG Kush es muy conveniente también por su rápido período de floración de 55 días.

El contenido de cannabinoides THC y CBD puede llegar a variar debido a factores externos como el medio ambiente de cultivo, la experiencia del cultivador, el tipo de cultivo, las condiciones ambientales o la variación genética.

En el Cannabis se encuentran al menos 113 cannabinoides, y pueden estar en forma ácida y neutra. Al calentar la muestra, fumar, vaporizar, o cocinar, los ácidos pasan a ser neutros.

DINAMEX

Es la cruza de *cali sour* y *esmeralda OG*. Esta semilla se puede dar en el jardín y en interiores por igual.

Morfología

Dinamex produce plantas de estatura media. Al final de la floración queda llena de cogollos uniformes, repartidos de forma proporcionada por todas las ramas.

Como la planta permite una buena ventilación, ayuda a no tener problemas de humedad y enfermedades, así como a producir cogollos densos y pesados.

Producción

Dinamex es un híbrido que puede llegar a producir 550 gramos por metro cuadrado en interiores y entre 600 y 800 gramos por planta en exteriores. La cosecha provee cogollos de gran calidad, repletos de resina.

Aromas y sabores

Dinamex tiene un sabor muy discreto y especial, que combina diferentes notas cítricas, haciéndolo muy intenso y único.

Efectos

Es muy potente y duradero, dando sensaciones que estimulan la mente y relajan el cuerpo.

Cultivo

Tiene gran resistencia a la humedad y a las enfermedades. En interiores tiene una floración rápida de 60-65 días y en el exterior la cosecha es solo a mediados de octubre. Requiere de una alimentación estándar. Es muy estable y homogénea. Se facilita su cultivo en cualquier lugar pues no produce olores.

El contenido en cannabinoides THC, CBD puede variar a factores externos como el medio de cultivo, la experiencia del cultivador, el tipo de cultivo, las condiciones ambientales o la variación genética.

Bubba Kush CBD

Bubba Kush es la Reina índica por excelencia. Es una semilla feminizada de *Dinafem Dedes*, con ventajas medicinales del cannabidiol.

Morfología

Bubba Kush es una planta de tamaño medio y estructura relativamente abierta, pero sobre todo es una flor bonita y cautivadora, con unos tonos negros y púrpuras impactantes. No pensemos en las estructuras de *Bubba Kush*, porque aun cuando su madre es pro 8 *Bubba Kush*, esta genética es fruto de un cruce con clon élite CBD, y este último inyecta rasgos sativos a su morfología.

Así, aunque sus hojas son anchas y cerradas, su estructura es bastante abierta. No es esa típica índica cerrada y llena de hojas. Es una planta capaz de estirarse, sobre todo hacia los laterales, y bien aireada. El hecho de que sea una planta con una belleza ornamental sobresaliente, la convierte en una variedad idónea para cultivar en casa. Porque, al margen de la cosecha, su mera presencia cobra valor en sí misma: el contraste de los colores oscuros de las hojas con la luz enamorada por los tricomas la convierten en una planta muy misteriosa a la que cuesta quitarle el ojo.

Producción

Bubba Kush CBD es una variedad con unas cualidades muy copiosas. Es muy buena productora, en lo que a cantidad se refiere, y además las flores son de una calidad inmejorable. Estamos hablando de cogollos en forma de cáliz, muy compactos y repletos de tricomas.

Que no nos engañe la resina, porque el hecho de que produzca mucha, no es sinónimo de efecto potente. La proporción de THC-CBD es de 1:1.

Aromas y sabores

Bubba Kush CBD es una variedad con unas cualidades organolépticas únicas a todos los niveles. Posee un exótico sabor a especias y café inconfundible. Inconfundible porque es un aroma muy fuerte, difícil de olvidar, con notas a tierra, a fruta dulce y a Kush.

Efectos

Este es uno de los grandes atributos de esta variedad. La relajación que ofrece es francamente digna de podio. Al efecto narcótico del THC, capaz de amansar los dolores musculares, se le suman las propiedades antiinflamatorias del CBD, por lo que *Bubba Kush CBD* es una variedad ideal para relajarse.

Claro que el cannabidiol no se manifiesta solamente en las propiedades medicinales anticonvulsivas, antiinflamatorias de esta genética; sino también en el hecho de ofrecer un efecto equilibrado. Dado que este cannabinoide actúa como psicoactivo, garantiza una sensación menos cerebral y más controlada que otra variedad carente de cannabidiol. Por eso se convierte en una aliada perfecta para aliviar tensiones, tanto mentales como corporales.

Cultivo

Bubba Kush CBD es una planta de marihuana francamente agradecida. Su cultivo no implica complicaciones, apta para novatos. Es clon de élite CBD, fruto de cuyo cruce es resultado. Esfuerza la condición de *Bubba Kush*: este clon hace más resistencia a la *Bubba Kush* original. Asimismo, la morfología *sativa* de este clon le confiere una estructura más abierta, y por lo tanto más fácil de cultivar.

Recomiendo estar pendientes de su crecimiento y confirmar que el fenotipo que se cultiva no vaya mostrando sus características heredadas de *Babba Kush* que del clon CBD. Si fuera así, tendríamos que retirar las hojas que impiden la penetración de luz y la correcta aireación de la planta. Respecto a su tiempo de floración, es corto. Dura entre 55 y 60 días.

El contenido en cannabinoides THC, CBD puede variar a factores externos como el medio de cultivo, la experiencia del cultivador, el tipo de cultivo, las condiciones ambientales o la variación genética.

Royale haze

Royale haze es una semilla de Cannabis feminizada con los genes de *haze #2, skunk* y *northern light*. Se trata de una variedad con dominancia *sativa* del 85%, dirigida a los fans de las variedades *sativas*. Y en especial a los admiradores de los estimulantes y la *haze*.

Morfología

Son ejemplares muy ramificados, con una cola principal larga y cogollos compactos. Puede llegar hasta los 4.5 metros.

Producción

Provee enormes cogollos impregnados por una rica resina. En interior puede llegar a los 450-500 gramos por metro cuadrado y en exterior a los 600-900 gramos por planta. Responde muy bien a principiantes o expertos.

Aromas y sabores

Royale haze posee un espectro aromático y gustativo muy amplio. Su aroma tiene un gran componente cítrico y exótico, y su sabor está repleto de notas cítricas, a cedro, a haze, a pino, y a skunk.

Efectos

El nivel de THC *Royale haze* está ni más ni menos que entre un 16 y un 20%, y por ello produce un efecto sativo muy potente.

Cultivo

Royale haze es accesible a todos porque crece con mucha fuerza y una gran variedad, sobrellevando muy bien los problemas derivados de la humedad. En interiores se puede cultivar con cualquier método. En exteriores se desarrolla en forma óptima, incluso en climas secos, soleados, templados y mediterráneos o en invernadero.

Necesita mucho menos alimento que otros híbridos sativos, y por ello hay que fertilizar con moderación y evitar cualquier exceso. La floración en interior tarda en solo 70-80 días, y en exterior está preparada para la cosecha a finales de octubre.

Fase del crecimiento vegetativo

En condiciones favorables, en esta fase que dura entre 2 a 8 semanas, la planta comienza a tomar cuerpo, salen las primeras hojas reconocibles de marihuana y puede elevarse unos 4 cm. al día, aunque esta estimación dependerá de los factores de luz, agua y nutrientes que se encuentren en el sustrato.

Es fundamental usar los fertilizantes adecuados para que la planta pueda generar suficiente clorofila y debemos regar en un área más extensa, en torno al tallo para que el agua llegue a las puntas de las raíces. La duración de esta fase y el tamaño de la planta de marihuana varían mucho, dependiendo del tipo de cultivo o de si tenemos semillas autoflorecientes, ya que, en este caso, en 2 o 3 semanas pueden comenzar a florecer mientras que las semillas feminizadas comienzan a florecer una vez se acorta el tiempo de luz.

Fase de floración

Muchos esperan esta etapa con emoción tanto por conseguir los preciados cogollos, fruto de la reproducción de la planta, como por conocer su sexo. Es el momento de mayor madurez de la planta y comienza con un cambio en los tiempos de luz a los que se expone.

El fotoperiodo debe cambiar de 12 horas de luz a 12 de oscuridad, manteniendo valores de temperatura y humedad constantes. La variedad de marihuana con una floración más prolongada suele ser la de tipo *sativa*. Las plantas macho suelen madurar antes que la hembra, y lo hacen produciendo polen, mientras que las hembras producen flores y cogollos.

Para evitar que la planta hembra sea polinizada y sus flores se conviertan en semillas, se suele retirar la planta macho para que esto no ocurra. En este momento es fundamental aportar bastante agua a la planta utilizando correctos sistemas de riego y estimulando la formación de cogollos con fertilizantes.

En la floración se producen grandes cantidades de resina donde podemos encontrar mayor cantidad de THC concentrado, el compuesto psicoactivo de la marihuana. Cambio posición de la hoja de opuestas a alternas, la elongación del tallo se ralentiza. Y a continuación aparición de pistilos blancos.

En últimas semanas de floración los pistilos comenzarán a pasar de color blanco a marrón. Los tricomas de resina también cambiarán su color a marrón. Se define el sexo de la planta macho hembra y se hace control sobre los pistilos. Esto significa 12 horas de luz más fertilización para floración. Sumamos cambio de uso de luz para así conseguir engorde de cogollos.

La realización de podas aquí va por gustos, pero es cierto que eliminar muchas hojas produce más flores. Este es el diseño del cultivo. Hay que prestar atención en cuidar la humedad, ya que es muy importante puesto que las flores son muy sensibles y son susceptibles a plagas y enfermedades. Vigilar para no perder la cosecha.

Depende de la genética, la floración tarda entre 6 a 7 semanas. 10-12 semanas si son índicas, pero como les digo, siempre depende de la genética de la semilla.

Tiempo adecuado de cosecha

La flor va creciendo de 7-10 semanas en floración en sistemas fotodependientes. 4 semanas alimentadas bien, con temperatura y luz, y dependiendo de los cuidados. El contenido de THC en conjunto con los pistilos blancos. Empieza después del vegetativo y termina con tricomas lechosos o ámbar.

- Duración 8-10 semanas.
- Fotoperíodo 12 horas luz.
- Nutrientes agua: nutrientes NPK 0-13-14.
- Humedad relativa: 40-50%.
- PH: 5-6.5.
- Temperatura 18 C - 32 C.
- Fotoperíodo: 12 horas luz.

Vegetación temprana

- Definición de método de cultivo.
- Trasplante y esquejes.
- 18 horas luz + fertilización vegetativa.
- Primeras podas y amarres.

Cuando ya hay raíces, prestar atención. Plántula sustrato inerte. Fibra de coco y riego fertilización por goteo. Épocas de primavera para que toda la vegetación le toque toda la época de verano, que es cuando más horas de luz tenemos. Cuidar el agua, no hay que ponerle agua excesiva.

Fase vegetativa

Crecimiento del tallo y hojas. Desarrollo continuo de las raíces. Formación de pares de hojas verdaderas y entrenudos. Las plántulas entran en pleno crecimiento vegetativo entre cuatro y seis semanas después de la germinación. Empieza después de la germinación.

Termina y cambio a 18 horas luz. Y ahora una duración de 6-10 semanas. Fotoperíodo 18 horas luz. Alimentación: agua.

- Nutrientes NPK 7-3-6, bajas y apical.
- Humedad relativa: 50-75%.
- PH: 5-6.
- Temperatura: 21 C - 30 C.

15 días a meses. Tiempo variable en función del fotoperíodo. 18 horas luz más fertilización vegetativa. Auto floreciente de tiempo. Ricos en nitrógeno, fósforo, potasio.

Esta es la fase más importante, donde observaremos: reproducción de hojas, crecimiento de nudos y tamaño final. Controlar ciclos de luz para que no sigan creciendo y esto a su vez deja de producir más que antes. 1.80 centímetros de altura se recomiendan para que haya mejores rendimientos. Gran cantidad de luz la planta. Si no pasa los 90 centímetros, esto hace que la planta tenga mejor producción, y tenga en cuenta una temperatura de 20-28 grados centígrados.

Si tenemos semillas regulares, sacar esquejes, hacerlos florar y hacer para saber si es hembra o macho. Pequeña, mediana, grande; aquí uno decide el tamaño que quiere para la planta. Mientras más grandes sea la planta, más producción dará.

Y cuidado con las enfermedades y plagas. Hagan todas las aplicaciones posibles, dependiendo lo que queramos y veamos qué es lo que le hace falta a la planta.

Cosecha

Lavado de raíces, dos semanas previas a la cosecha. Control de pistilos y tricomas. Fertilización variable. Engorda cogollos y podas.

Aquí depende de cada persona si quieren hacerle algo o dejarla así para que la planta se desarrolle con sus nutrientes o externos. Cortar ramas bajas para que la planta se enfoque en la flor.

Germinación por semilla

- Breve instrucción para la germinación por semilla:
- Termina la aparición de los cotiledones.
- Duración 3/6 días.
- Fotoperíodo sin luz.
- Nutrientes: agua.
- Humedad relativa: 80-90%

- PH: 6-6.5
- Temperatura: 21 C - 27 C
- 18 horas de luz (no necesita fertilización si es una planta fotoperiódica)
- Servilleta – jiffy – tierra
- Cuidado con los hongos que pueden aparecer en esta etapa del proceso.
- Los nutrientes en los extractos se preparan para su germinación. No se le aplica ningún nutriente, sólo agua.

Figura. Imagen ilustrativa para germinar Cannabis.

Construcción De Casas Greenhouse Para Producir Plantas Madre Y Extraer Clones

Los productores de Cannabis en Estados Unidos, en el mes de marzo empiezan a realizar las casas *greenhouse* (o bodegas), que adecúan para que cumplan con las condiciones ambientales, y así empezar a cuidar las plantas madre que para el mes de mayo/junio ya estarán listas para empezar a extraer los clones, tanto para las plantaciones en interior e exterior.

Estas casas no las hacen con alguna especificación técnica, sino como cada cultivador considere pertinente. Se cerciorará de que queden bien hechas para evitar que con el aire se puedan ver afectadas, ya que solo están construidas con plástico, madera y pipas.

Figura. Imagen ilustrativa. El autor construyendo casas greenhouse.

Requisitos para hacer crecer plantas madre

- Un espacio de cultivo pequeño de 80 x 80 cm o incluso un armario empotrado. Con el tiempo se pudiera hacer una ampliación.
- Una lámpara de un mínimo de 100W de espectro azul. Se recomiendan especialmente lámparas de bajo consumo.
- Dependiendo del volumen del espacio de cultivo, se recomienda un extractor de 100 a 200 m3/hora para renovar el aire con facilidad.
- Un temporizador para lámparas.
- Un termohigrómetro para monitorear la temperatura y la humedad.
- Un ventilador para que circule el aire.

Figura.Imágenes ilustrativas de cuarto de plantas madre.

Cuarto de plantas madre

El cuarto de plantas madre es el lugar con las condiciones adecuadas para tener nuestras plantas madre. En el cuarto de plantas madre es muy recomendable utilizar guantes y desinfectar los materiales que vamos utilizando, esto con el fin de prevenir que se infecten las plantas.

Asimismo, es de suma importancia que cuando se vaya a entrar a realizar los clones, evitar antes de haber visitados lugares donde puede llevar las plagas de araña en la ropa, que si las plantas madre se infectan es difícil de erradicar la plaga y si los esquejes son infectados no se desarrollan 100% bien y estos a su vez siguen contaminando a las demás plantas.

En el cuarto de plantas madre, los productores tienen plantas de romero para alejar las plagas. El romero expide un olor que no permite que se acerquen las plagas a las plantas.

¿Cómo conseguir las plantas madre?

Necesitamos conseguir un esqueje de una planta madre de calidad. Al esqueje se le conoce como un tallo o rama que se introduce en la tierra para reproducir la planta. Es lo más fácil para iniciar. Lo que se hace es plantar los esquejes en una maceta de más o menos 3,5 litros de capacidad, y luego se programa un ciclo de 18 horas de luz y 6 horas de oscuridad. Esto impedirá que las plantas entren en floración y podamos seguir sacando esquejes de ella continuamente.

La forma más larga es la de plantar semillas para seleccionar una planta madre, pero esto enriquece los genes del Cannabis.

Cuando las semillas germinan, las trasplantamos y colocamos en el armario de cultivo. Las ponemos bajo un régimen de 18 horas de luz y 6 horas de oscuridad. Después de cuatro a seis semanas, marcamos y sexamos las plantas para hacer tres clones de cada una de ellas.

Esperamos la floración y nos quedamos con las réplicas en nuestro espacio de crecimiento. Al definir el sexo hay qué deshacerse de los machos. Al cortar las plantas, escoger los esquejes correspondientes.

Existen también muchos bancos certificados de semillas de Cannabis que venden las mejores variedades que el mercado está solicitando, ya que año a año va cambiando el mercado, y esto a su vez hace que los productores tengan que irse actualizando con lo que conlleva el mercado, para ser competitivos.

Asimismo, los productores realizan sus cruzas y hacen sus propias marcas que a muchos les funciona, debido a que la planta sale con una gran calidad tanto de cogollos como de THC, que es lo que el mercado requiere. Mayor cantidad de THC en el caso de *Cannabis sativa.*

En el caso del cáñamo industrial (*hemp*), lo que se requiere es que la planta tenga buenos cogollos y que esté libre de patógenos; presente calidad en color y olor y que contenga al menos el 1% de CBD para que sea rentable su producción.

Nutrición de plantas madre

Deben ser nutridas con abonos ricos en nitrógeno y otros microelementos. Se recomienda también el uso frecuente de enzimas y los extractos de algas (*Hemplex*).

Es muy importante una vez por semana agregarle pH al agua, con la que se regarán las plantas. Esto debido a que a veces los alimentos que se les da hacen que baje el pH.

Procedimientos fitosanitarios en plantas madre

La planta madre puede ser víctima de plagas y enfermedades debido a que pasa más tiempo en los cultivos. Por esto se recomienda cada quince días aplicar un procedimiento fitosanitario con insecticida y fungicida.

Después de una poda para esquejado, se recomienda un tratamiento con propóleo (*propolis*) para cicatrizar los cortes y heridas que sufren las plantas y así evitar la infección de hongos o bacterias.

Poda de plantas madre

Deberemos de podar la planta muy seguido, inclusive aunque no necesitemos esquejes, pues crecen muy rápido. Hay qué cortar las puntas de la planta y dejar siempre dos yemas de brotación en el nudo por encima del que cortemos. Así, al volver a crecer la planta producirá dos brotes en vez de uno, y tendremos un mayor número de clones en un menor tiempo.

Se recomienda también realizar una poda de raíces. Para este tratamiento necesitamos retirar la maceta y cortar 2 centímetros de cada lado del bloque de tierra que contiene el cepellón (masa de tierra que se deja pegada a las raíces de las plantas en un trasplante). Después, se regresa el cepellón a la maceta y se rellena cualquier hueco con tierra nueva.

Pasos para clonar plantas

Clonar significa hacer una copia de una planta de Cannabis con una parte ("esqueje") de una planta madre. El esqueje desarrollará raíces propias y crecerá como una planta casi idéntica a la planta madre. Clonar es una forma fácil, rápida y económica de obtener nuevas plantas de marihuana.

Lo mejor de clonar Cannabis, es que el clon tendrá el mismo material genético que la madre, lo que significa que sus rasgos y características serán idénticos. Si tomas un clon de una planta hembra, la nueva planta será hembra. Si tienes una planta con rasgos que te gustan, como un delicioso sabor, buena potencia o generosos rendimientos; podrás cultivar numerosas copias de esa planta. Aunque suene complicado, hacer esquejes de una planta de marihuana es un proceso relativamente sencillo. Solo tienes que saber cómo hacerlo.

Figura. Imagen ilustrativa. El autor clonando.

1.- Esterilización

Es muy importante que antes de iniciar con el proceso

de clonación, esterilizar cada uno de los materiales que se vayan a utilizar como, tijeras, tabla.

Figura. Imagen ilustrativa de esterilización de materiales.

2.- Identificar clones potenciales

Es ideal que la rama donde cortes el esqueje tenga al menos 3 nudos, si no es que es posible al menos 2. Es muy importante que se elijan los mejores esquejes, libres de plagas, y que el tallo esté recto y fuerte porque la genética será pasada a su clon.

Figura. Imagen ilustrativa planta de Cannabis plantas madre.

3.- Elegir el mejor esqueje

Elegiremos una rama que tenga unos 10 cm a 20 cm, desde su punta hasta el nudo y con un espesor de entre 2,5 y 5 mm.

4.- Cortar el esqueje

Haz un corte limpio a 45 o a 2 o 3 cm por debajo del tercer nudo, con unas tijeras limpias y esterilizadas

Figura. Imágenes ilustrativas de esquejes cortados.

5.- Cortar ramas sobrantes

Corta las ramas laterales sobrantes para promover el crecimiento de las raíces.

Figura. Imagen ilustrativa. Clones de Cannabis con las hojas recortadas.

6.- Recortar las hojas

Recortar las puntas de las hojas del esqueje para evitar su deshidratación y ahorrarles gasto de energía.

Figura. Imagen ilustrativa. Autor recortando las hojas de los clones.

7.- Poner esqueje en agua

En cuanto tengas el esqueje, ponlo en un vaso con agua para evitar que entre en burbujas de aire en el tallo y se conserve en buen estado. Los esquejes se deben de poner en agua destilada y/o vitaminas de clones.

8.-Raspar la base donde saldrán las raíces

Arrancamos una o dos tiras finas, o raspamos de forma delicada al lado opuesto al corte transversal de 45, o para dejar sin piel esa zona.

Figura. Imagen ilustrativa.
Autor raspando la base de clones para estimulación de raíz.

9.- Aplicar estimuladores de raíces

Mojaremos el corte del esqueje de marihuana con hormonas de enraizamiento para estimular el crecimiento radicular, el enraizador puede ser líquido o en solución.

10.- Colocar esqueje en medio del enraizamiento

Esperar unos 10-20 segundos y colocar el esqueje en el jiffy o cubos de lana de roca que previamente hemos preparado, sujetado en tallo con firmeza para que no se doble.

Se puede hacer en diferentes esponjas ya sean negras o de color amarillas. Estas son menos calientes y tienden a ver más sobrevivencia de clones.

Figura. Imagen ilustrativa. Clones enraizamiento.

11.1- Asegurar un buen contacto del esqueje con el medio

Asegúrate de que el esqueje tenga un buen contacto con el medio, presionando de forma suave los laterales sin romper el tallo.

- Termómetro 22-25
- Reloj 10-15 DÍAS
- Foco 18/6 HORAS

11.2- Poner esquejes en invernadero/propagador

El cuarto de clones es el lugar que cuenta con las condiciones cálidas entre los 22-25 y húmedas, pulverizando las plantas con agua una vez al día. Los esquejes no necesitan luz durante los primeros días. Después, lo mejor es usar luz débil o iluminación especial para clones y plantones. Con un fotoperíodo de 18/6. El crecimiento de la raíz tiene lugar principalmente durante los períodos de oscuridad. Pasados los 10-15 días verás asomar las raíces.

12.- Trasplante de clones

Si se mantienen las condiciones correctas, en 2-3 semanas, todos los esquejes deberían tener raíces visibles sobresaliendo de los bloques de enraizamiento, y estar listos para el trasplante a otros recipientes, a bolsas o vasos, para que se sigan desarrollando la raíz y planta agarre fuerza.

Figura. Imágenes ilustrativas de clones de Cannabis después de 10-15 días.

13.- Trasplante del clon después de las 3 semanas a vasos para crecimiento y adaptación al ambiente.

Este proceso se lleva a cabo con la finalidad de que el clon se ponga más fuerte y se adapte al medio. Antes de ser plantados en el exterior e interior.

Se llena el vaso con tierra, se le hace el hoyo donde quepa la raíz, y se le agrega Mikos (que es un buen enraizador). Se utiliza para que enraíce mejor y se pasa a una tina con agua tibia. A esta se le agrega 10 ml de Biopak, que es otro buen enraizador.

Dos galones de agua por 5 ml de pH, agua con vitamina armor 0-0-4 general hydroponics. Luego se llena una caja negra de agua tibia con pH, se le aplica dos vasitos de cristal llenos se mezcla y se le pone una jarrita a cada planta.

Es muy importante mencionar que cada cultivador de Cannabis lleva a cabo su propia manera de manejar su santuario, ya que a unos les funciona de una manera y a otros de otras. Entre mejor se sigan los pasos, los resultados serán muy positivos para la supervivencia de los esquejes, que si se siguen estos procedimientos hay una sobrevivencia del 95% de clones.

Cuarto de adaptación después del trasplante del clon

Este lugar se emplea para poner los clones una vez que sean pasados a vasos. Esto con la finalidad de que los clones se adapten al medio, así como para que tomen fuerza para posteriormente ser trasplantados en interior y exterior.

Este lugar debe de tener condiciones climáticas para que se puedan desarrollar sanas, libres de plagas y enfermedades, así como de los excesos de nutrientes. Se debe siempre de estar monitoreando para que esté con las condiciones climáticas adecuadas para el buen desarrollo de los clones.

Temperatura 75%

Humedad 60-65%

Una vez que cumplen con las características idóneas para ser trasplantadas, son transportadas por tráilers y/o camiones, dependiendo la cantidad a plantar.

Figura. Imagen ilustrativa del cuarto de adaptación de clones.

Trasplante en el exterior

Antes que nada, recuerda que el trasplante en el exterior se marca cada cuatro metros de distancia.

Justamente, trasplantar consiste en reubicar una planta en un nuevo sustrato o contenedor con mayor volumen, ya sea a una maceta más grande o a un huerto, para favorecer el desarrollo del sistema radicular.

Como las raíces necesitan oscuridad, un poco de humedad, y oxígeno, el correcto trasplante de la planta es fundamental. A las raíces no les sienta bien la luz directa, porque las quema, ni el aire continuado, porque las deshidrata.

Durante el proceso de trasplante, debes tener en cuenta estos factores para evitar estrés en la planta en la medida de lo posible, ya que los trasplantes siempre suponen algo de estrés.

La forma que adopten las raíces determina, en parte, la forma de crecer de las plantas de marihuana. Si el sistema radicular es profundo y estrecho, la planta será más alta y espigada; por el contrario, si es ancho y menos profundo, la planta saldrá más ancha que alta. Por esto es importante elegir correctamente las macetas a usar durante el cultivo. Además, el crecimiento de la planta siempre está condicionado por la genética de cada variedad.

Es importante que antes de introducir las plantas a las líneas donde serán plantadas mojar el área para que la raíz no se estrese y la planta no se marchite. Si el riego es por goteo este debe de quedar justo a un lado de la planta para aprovechar la mayor cantidad de humedad. A su vez, antes de colocar la planta en el campo se le debe poner una capa de hule negro para aumentar la temperatura.

Figura. Imágenes ilustrativas de cultivo de Cannabis en exterior.

Riego

Al inicio de la plantación se riega 4 horas por la mañana y una hora por la tarde, esto dependiendo que tan mojado esté. En el caso de las *greenhouse*, se riega hora y media por día y esto también dependerá de la humedad que se tenga en el lugar.

Todo dependerá también del tamaño de la planta y el clima, pero por lo regular la planta se le deberá de proveer entre cinco y cincuenta litros de agua por semana. Las plantas pequeñas que crecen con poco nitrógeno suelen soportar la sequía, pero éstas a su vez se pueden ver mermadas a la hora de la producción.

Siempre la clave del éxito del Cannabis dependerá al asegurar el riego de las plantas durante los meses más cálidos del año. La forma más fácil y rápida para el riego es por goteo, esto les ahorra tiempo y cuando son cultivos grandes en exterior son necesarios estos sistemas. Ya que solo se encargan de estar cambiando, si se riega por partes.

Muchos cultivadores dividen en partes el riego para así cerciorarse de que toda la parcela se riegue por igual. A veces se cuenta con terrenos disparejos y con este sistema logran que sea todo por igual, para que el rendimiento por planta sea el mismo. Algunos emplean regar por cubeta o con aspersoras.

PH

Para medir la calidad del agua, se observan dos aspectos fundamentales. El primero es el pH, que es una escala de

0 a 14 que mide la acidez o alcalinidad del agua, siendo 0 muy ácido y 14 muy alcalino o básico. El pH neutro es pH 7. El mejor pH para el Cannabis es un pH neutro entre 6,3 y pH 6.8 a 7. Esto también dependerá del cultivo que se trate. Si es en hidroponía, exterior, interior. En el caso de la hidroponía, se utiliza un pH ácido entre 5,8 y 6,3.

Para bajar el pH de agua demasiado alcalina, se añade un ácido como ácidos fosfóricos y ácido nítrico. El pH se puede medir con papeles de tornasol, reactivos de acuarios o con medidores digitales.

Es importante mencionar que los nutrientes aportados por los abonos pueden ser absorbidos por el Cannabis. Por lo que el pH de la tierra debe de estar entre 6 y 6,5. Es importante que cuando se tiene planta en lugares donde llueve mucho, hay que aplicar cal viva a la tierra para regular el pH ácido. Así también se le puede agregar ceniza de madera, que además es rica en potasio.

Muchos cultivadores utilizan máquinas para quitarle un poco de hojas al Cannabis, lo que hace más fácil para los trimmer ya que sólo es cuestión de quitar el tallo blanco (al que le nombran "pata de gallo"), que es lo que todo comprador se fija al momento de comprar el Cannabis que no lleve nada de esto.

Cuando el Cannabis *hemp* es para uso industrial (para fabricar medicamentos y otros derivados), los cultivadores la venden a granel. Es decir, la pasan por la máquina y así la venden. Esta, a su vez, es demolida para sacarle las propiedades al Cannabis y posteriormente fabricar todos sus derivados.

Una vez que se realiza lo del trimmer, los cultivadores la sirven para que suelte todo el polvo que lleva de la misma planta, y posteriormente le dan una repasada para que no lleve pata de gallo. Luego la pasan a la báscula para librarla y empaquetan en bolsas, a las que sacan el aire ajustando la parte de arriba. Con la boca se extrae el aire, esto con la finalidad de que el Cannabis no siga soltando polvo y se vea más presentable para cuando la vea el cliente.

En Estados Unidos, donde es legal la Cannabis, muchos cultivadores la envían por paquetería para evitar por vía terrestre tener contratiempos. Una vez que se presenta el permiso otorgado por el Estado, se puede realizar el traslado por paquetería que lo hace más confiable y rápido, ya que el correo va por ella hasta los ranchos de donde se va a enviar.

Algunos clientes la transportan a otros estados vía terrestre donde es mejor vendida. Se lleva a los dispensarios de todos los estados o la venden por porciones según sea el caso.

Cuando el Cannabis es para uso industrial, es mucho más fácil trasladarlo a otros estados en camiones o remolques. Incluso muchas veces es enviado por vía férrea, debido a que en el ferrocarril de Estados Unidos es muy útil el tren carguero. El producto se deposita en costales grandes ya sea desmoñada o sin desmoñar (quitarle el tallo a la planta), dependiendo cómo lo demande cada cliente y para lo que la requiera.

Aquí ya se eligieron puros cogollos libres de moho y es pesada en libras. El peso es de 454, sumado a los 16 gramos de la bolsa debe de terminar pesando 468 a 470 gramos. Todo depende de cómo lo piden los clientes cuando se va a distribuir en dispensarios. A su vez, muchos agricultores venden a granel plantas enteras cuando son para uso industrial.

A las bolsas se les debe de sacar el aire para que el producto no tenga movimiento y así evitar que suelte el polvo llamado guarumo.

Errores comunes relacionados con la cosecha

- No descartar las flores con presencia de moho o cualquier otro tipo de enfermedad.
- Cosechar antes del tiempo requerido por cada variedad para alcanzar su máximo potencial.
- Cosechar demasiado tarde, cuando los cannabinoides se han oxidado y degradado en CBN.
- Cuando se corta antes del tiempo estimado, al momento de verse con una lupa se puede observar las brácteas. Para que el contenido de THC sea el adecuado debe de estar la planta en su punto.
- Usar como único criterio para el momento de cosecha el color de pistilos.
- No verificar los tres desechos del bello café.
- Cortar mojado, ya que se vuelve más pesado y muy pegajoso y se pone más difícil su manejo.

- Secar en el lugar de cultivo con plantas de crecimiento.
- Meter en tarros cerrados sin terminar el proceso.
- Mezclar flores enfermas y sanas.

Enfermedades, carencias, plagas y hongos

La *Cannabis sativa* es una especie muy resistente que crece en casi todos los continentes y es capaz de sobrevivir en condiciones muy duras. Sin embargo, cuando se cultiva para obtener cogollos, es muy importante que las plantas gocen de buena salud o no producirán un buen rendimiento

Es muy importante estar en constante monitoreo de las plantas de Cannabis, desde su germinación para evitar que tengan plagas, porque una vez que se presentan los síntomas de plagas es difícil erradicarlas por completo.

Excesos y carencias de nutrientes

Las carencias en las plantas pueden ser por una inadecuada alimentación o por la falta de algún elemento nutritivo. Para evitar esto, se debe fertilizar con abonos exclusivos para el cultivo del Cannabis. Es importante destacar que el pH será diferente según el tipo de cultivo realizado: cultivo hidropónico, en tierra, en suelo, en maceta, etc.

Para solucionar una carencia nutritiva, se debe lavar la tierra regando con abundante agua, y a continuación abonar las plantas con un fertilizante líquido que contenga microelementos.

Cuando hay acumulación de sales en el metabolismo de las plantas, se dice que hay un exceso de nutrientes. Para evitarlo, debemos realizar una alimentación constante y equilibrada especialmente diseñada para cada variedad de Cannabis.

Nitrógeno (N)

El exceso de nitrógeno en las plantas de Cannabis lo podemos notar a través del color de sus hojas. Las hojas se vuelven de un color verde oscuro y pueden adoptar forma de garra con la punta mirando hacia el suelo; después, las hojas se vuelven marrones y caen. Otros síntomas del exceso de nitrógeno incluyen la escasez de flores, tallos débiles que se doblan fácilmente, desarrollo lento de las raíces y ataques de insectos y hongos recurrentes.

Por otra parte, con la falta de nitrógeno, veremos que las hojas inferiores de las plantas se pondrán amarillas, perderán brillo y se curvarán. Este amarillamiento se propagará hasta la parte más alta de la planta. Luego las hojas de la parte inferior se caerán.

El nitrógeno es el macroelemento que más necesitan las plantas de Cannabis. Un desbalance de este nutriente se podrá detectar mayormente a través del color de las hojas.

Fósforo (P)

La deficiencia siempre se verá a través del color de las hojas. Con la escasez de fósforo en la planta, las hojas tendrán un color más azul-verdoso, mientras los peciolos (el apéndice de la hoja por el cual se une al tallo) se tornarán de un color rojo cobrizo o púrpura oscuro.

Potasio (K)

El potasio desarrolla el papel de protector de la planta contra enfermedades y participa activamente en el desarrollo celular, entre muchas otras funciones más. Con una carencia de potasio las plantas son más propensas a contraer todo tipo de enfermedades.

La falta de este nutriente se manifiesta en las hojas cuando se ven marchitas, pálidas, con clorosis (insuficiente clorofila), falta de brillo, flácidas. Si no se trata, los bordes y las puntas de las hojas se quemarán mostrando un color óxido, aparecerán manchas y acabarán muriendo.

Un exceso de potasio en las plantas actúa bloqueando otros elementos, provocando una carencia de magnesio, manganeso, zinc y hierro.

NUTRIENTES SECUNDARIOS

Magnesio (Mg)

El magnesio es un nutriente secundario indispensable para las plantas de marihuana, el cual es usado en grandes cantidades durante todas las fases de vida de la planta. En suelos con el PH inferior a 7.0 será habitual observar carencias de este nutriente. El magnesio es el átomo central de la molécula de la clorofila. También es la encargada de ayudar en la absorción de otros nutrientes y en la creación de carbohidratos y azúcares.

La carencia de magnesio se detecta inicialmente en las hojas más viejas, en la parte baja de la planta haciendo clorosis entre los nervios los cuales se tornan de un color verde oscuro. A medida que avanza la carencia, las hojas cada vez más jóvenes se ven afectadas por manchas oscuras y clorosis. Si no se detiene la carencia, las hojas se retuercen hacia arriba para así después sufrir una defoliación masiva.

Azufre (S)

Es esencial para la fabricación de hormonas y vitaminas. Forma parte de los aminoácidos y está directamente implicado en los sabores. Una carencia de azufre se detecta en la planta mediante la observación de las hojas más viejas, las cuales se tornan de color verde lima tirando amarillo. A medida que la carencia avanza, las hojas se tornan aún más amarillas, manteniendo los nervios verdes. Los peciolos se tornan morados y los tallos leñosos.

La gran mayoría de veces que se produce una carencia de este elemento suele ir precedida por un bloqueo por parte de un exceso de calcio o por un pH demasiado alto. La solución pasa por mantener un pH entre 5.5 y 6.0, añadiendo azufre en formato mineral para una rápida asimilación. Si se da un exceso de azufre podemos optar por realizar un lavado de raíz.

Calcio (Ca)

El Cannabis necesita casi la misma cantidad de macronutrientes que de calcio. Cuando hay carencia de calcio lo veremos a través de las hojas de un color verde oscuro, además de un crecimiento lento y tallos débiles. Para tratar esta carencia solo necesitamos añadir un abono rico en calcio, hasta que la carencia desaparezca.

Un exceso de calcio repercute negativamente pues bloquea otros elementos como el potasio, magnesio, manganeso y hierro, sin posibilidad de poder ser absorbidos por la planta. Para solucionar esta situación, solo cambiemos y controlemos los niveles de calcio.

Zinc (Zn)

Se pueden encontrar carencias de zinc en el cultivo de la marihuana si utilizamos un sustrato demasiado alcalino. Actúa como catalizador de varias auxinas, enzimas, y es esencial para el crecimiento del tallo. Una carencia de zinc también suele deberse a un pH por encima de 7.0, produciendo clorosis entre los nervios de las hojas más jóvenes. Las nuevas hojas nacen más finas, se retuercen y se secan.

En floración, la creación de nuevos cogollos y hojas se detiene estancándose hasta solventar el problema. Para tratar la carencia de zinc, se debe nutrir la planta con microelementos que contengan zinc en un formato quelatado para una rápida absorción y recuperación de la planta.

Hierro (Fe)

El hierro es un elemento nutritivo necesario para las plantas, ya que está directamente relacionado con el aprovechamiento de la energía por parte de los azúcares. En suelos alcalinos es fácil encontrar carencias de hierro en las plantas. Las carencias suelen estar presentes en suelos con pH superior a 6.5 puntos.

Los primeros síntomas se pueden observar en las hojas más jóvenes, las cuales nacen amarillentas manteniendo los nervios verdes. Si la carencia prosigue, la planta sufrirá una defoliación. Una carencia de hierro puede ir precedida de un bloqueo causado por exceso de cobre. Otros elementos como el zinc, manganeso y cobre pueden provocar una nula absorción del hierro por parte de las plantas provocando carencias. Así pues, deberemos evitar regar con abonos que contengan altas concentraciones de Mn, Zn, Co; rebajando a su vez el pH del riego a 6.0-6.5 para poder solventar dicha carencia de hierro.

OTROS MICRONUTRIENTES

Boro

Con una carencia de boro, los bordes de las hojas se queman y los brotes se retuercen. En el caso de una sobrefertilización, las hojas padecen una necrosis acabando por caerse, sufriendo la planta una defoliación.

Cloro

Es poco común sufrir una carencia de este elemento utilizando agua del grifo. En el caso de haberlas, se podría detectar a partir de las hojas, las cuales adoptan un color bronceado muy característico. En el caso que la planta tenga un exceso de cloro los síntomas serán iguales a los de la carencia de este mismo elemento.

Cobre

Este elemento participa activamente en el metabolismo de la planta. En el caso de haber una carencia debe de ser tratada con un abono mineral rico en cobre.

En cuanto a los excesos de cobre por leve que sean éstos serán muy tóxicos, el primer indicio son clorosis férrica junto con un lento crecimiento de las plantas a nivel general.

Cobalto

Es otro de los elementos que no suele presentar carencias ni excesos, pues no tiene mucha importancia para el desarrollo de la planta durante todo su cultivo. Cuando existan problemas con carencias o excesos de este elemento, el nitrógeno dejará de estar tan disponible para las plantas.

Molibdeno

Se hace difícil encontrar carencias de este elemento en el cultivo de Cannabis, pues lo necesita en muy poca cantidad. Cuando existe una carencia de este elemento, la absorción del nitrógeno se reduce y las raíces se ven afectadas, parando el crecimiento junto con un retorcimiento de las hojas. En el caso de haber un exceso de este elemento las plantas presentan una carencia de cobre y hierro.

Silicio

No es habitual observar carencias de este mineral en los cultivos de Cannabis. Una carencia es detectable, a través de la deformación de las nuevas hojas más jóvenes, y un menor peso en los frutos de las plantas.

Las plagas en el Cannabis: problemas fitosanitarios

PATÓGENOS

Los hongos son muy diferentes a las plagas, son organismos microscópicos que no los podemos ver sobre la planta como a otras plagas, por lo mismo, son muy peligrosos.

Cuando nos damos cuenta de los síntomas que causan los hongos patógenos como el *Fusarium spp* o el *Pythium* (como marchitez, amarillamiento, etc.) suele ser ya demasiado tarde para la planta.

La recuperación de una planta infectada por hongos depende de varios factores; pero las plantas que estén en el estado de crecimiento serán mucho más fáciles de salvar que las que ya están en la fase de floración.

Ácaros

Las plagas en la planta del Cannabis son muy frecuentes y el mejor método para evitarlas es la prevención. Debemos observar a diario nuestras plantas desde su parte inferior hasta la punta, así podremos descubrir una plaga a tiempo para controlarla y eliminarla con más facilidad.

Las primeras señales de una plaga son unos puntos pequeñitos de color amarillo o blanco (que son huevecillos), además de partes de hojas comidas. Los ácaros y las arañas rojas se alimentan de la clorofila de la planta, provocando serios problemas y reduciendo la productividad.

Hay que tener mucho cuidado con esto, pues es increíble ver cómo los ácaros se multiplican. Con solo 5 días de vida, ¡los ácaros ya pueden reproducirse! Si ves telarañas colgando de la planta, es que ya está seriamente infestada.

Para prevenir la propagación de plagas de una forma sencilla, solo mantén una buena ventilación, pues el viento no deja que crezcan en las plantas.

INSECTOS

Trips

Los trips son insectos de color verde amarillento que transmiten viruses de una planta a otra y atacan principalmente a plantas de Cannabis, cítricos, de ornamento, cucurbitáceas (pepino, melón, sandía, etc.), leguminosas, etc. Se reproducen en temperaturas de 20 a 25 grados centígrados (68 a 77 grados Fahrenheit).

Botrytis

La botrytis es una enfermedad fúngica, de las más habituales en los cultivos de marihuana. Puede arruinar la cosecha tanto en floración como durante el secado de la marihuana. Los cogollos infectados de botrytis se deshacen, pudren y se vuelven infumables.

No te recomendamos bajo ningún concepto consumir marihuana infectada con botrytis. Los cogollos infectados con esta enfermedad se deben desechar, ya que representan una seria amenaza para la salud del consumidor.

Moho Gris - *Botrytis cinerea*

Es un hongo patógeno, generado por la alta humedad relativa. Mi más sincero consejo es mejorar la ventilación, puesto que el problema recae en el pobre movimiento del aire. Para solucionar esto, hay que monitorear de manera constante, aplicar boro y proteger la planta ante la lluvia y la humedad.

Oídio

El oídio, también llamado blanquilla, es un hongo muy temido entre los cultivadores de Cannabis. Hay varias especies que pueden afectar a tus plantas, y si no se previene, puede arruinar una cosecha entera. Es muy importante estar todos los días revisando las plantas para notar a tiempo los cambios que éstas están presentando. Posibles causas de este hongo son: dosis altas de nitrógeno en el vegetativo, humedad relativa superior a 45% y raíces secas.

Hay que tener un control de variables, aplicar diatomea o trichoderma. Monitorear de manera constante y hacer podas bajeras y de hojas viejas. En lo posible, aplicar jabón potásico.

Pudrición de la raíz

La pudrición de la raíz es una condición que finalmente puede matar las plantas. Esta condición afecta a las raíces cuando no se encuentran en un ambiente óptimo y las afecta cuando son más vulnerables, especialmente cuando ya están estresadas o conmocionadas.

Esto puede ocurrir por mal drenaje del sustrato, la humedad relativa alta y con poca ventilación. Las hojas van adquiriendo, de forma progresiva, tonalidades amarillentas. El desarrollo de la planta se va ralentizando y ésta se acaba marchitando.

Posibles soluciones a este problema son: usar sustrato certificado que permita la aireación de las raíces. Evitar el exceso de riego, aplicar estimulador de raíces y aplicar trichodermas en sustratos y riego.

Mosca blanca

La mosca blanca es muy similar a la polilla y es muy pequeña (de 1 a 2 milímetros). Primero aparecen en la parte superior de las plantas, luego las colonizan por completo. Por lo general prefieren invadir los cultivos que están en interiores y en los cultivos que están en exteriores solamente aparecen en los meses cálidos. Viven solo por un mes, pero pueden causar mucho daño en ese corto tiempo. Son también muy resistentes a los insecticidas, por lo cual son muy temidas.

Figura. Imagen ilustrativa.
Planta de Cannabis siendo invadida por mosca blanca.

Orugas

La oruga del cogollo es una de las plagas más perjudiciales de la marihuana en cultivo exterior. Este gusano es la forma no adulta de algunas especies de mariposa nocturna que deposita sus huevos en la planta. Las larvas que emergen de estos huevos se alimentan del cogollo del Cannabis y de los frutos de otras especies como el tomate o el maíz.

Esto puede ocurrir debido a los altos niveles de nitrógeno. Las larvas se ocultan dentro de los cogollos, en tallos interiores o bajo algunas hojas grandes.

El ciclo de vida depende de la temperatura, siendo en condiciones óptimas de unos 35-40 días por ciclo, lo que supone unas 3 a 4 generaciones por año. Normalmente, la primera generación apenas produce daños, pero las siguientes son mucho más numerosas y pueden causar estragos. La mejor solución es estar en constante búsqueda de huevos de orugas y sus defecaciones.

Figura. Imágenes Ilustrativas.
Planta de Cannabis siendo invadida por orugas.

Pulgones

Existen más de 3500 especies, de las cuales 500 atacan a los cultivos. Algunas especies atacan a cultivos específicos, otras en cambio son polífagas. Es decir, atacan a diversas plantas. Los pulgones tienen entre 1 y 4 mm de largo, pero algunas especies pueden superar los 8mm.

Tienen cuerpo ovoide, sin distinción de cabeza, tórax y abdomen. Al final del abdomen se encuentran dos sifones, o cornículos, que excretan sustancias que repelen a sus depredadores. El color varía entre blanco, verde claro, rosa o gris.

Los pulgones se reproducen muy rápido. Una plaga de pulgón puede causar mucho daño en las plantas del Cannabis, y hasta terminar con la cosecha si la dejas avanzar a sus anchas. Saber prevenirlos, identificarlos y eliminarlos resulta fundamental para mantener sano tu cultivo.

Se encuentran en el envés de las hojas inferiores o en los tallos tiernos. Y algunas posibles soluciones para erradicarla es evitar el exceso de nitrógeno y aplicar extracto de neem y jabón potásico. Estas herramientas que menciono son útiles porque funcionan en la mayoría de las plagas y enfermedades.

Araña roja

Es uno de los peores enemigos del cannabicultor. Son arañas muy pequeñas, de apenas un milímetro de largo Suelen ser de color rojizo, marrón o negro cuando son adultas y medios transparentes de jóvenes.

La araña roja es una de las plagas más temidas en los cultivos de Cannabis. Aunque reciba ese nombre, no se trata de una araña, sino más bien de un ácaro (*Tetranychus Urticae*) que crea telarañas alrededor de las plantas. Este ácaro aparece, sobre todo, en plantas cultivadas en ambientes secos, y desaparece cuando llega el frío. Su presencia ocurre por la baja humedad relativa y a las altas temperaturas; en parte por el mal manejo de residuos de cultivo.

Insecticidas y fungicidas

Pesticidas biológicos y químicos

Usar insecticidas o fungicidas biológicos será siempre lo más recomendable, pues su efecto en el medio ambiente no causa mayores daños. Los productos químicos deberían estar diseñados para casos de extrema gravedad o para casos donde los remedios biológicos no funcionaron.

Siempre será recomendable también usar guantes y máscara de protección al aplicar estos productos.

Los pesticidas químicos pueden quedarse en la planta por muchos años; por eso en un análisis de pesticidas, cualquier esqueje que se saque de plantas madre tratadas con químicos dará positivo. Para los cultivadores legales esto es una cuestión de suma importancia pues deben aprobar estrictos controles de calidad antes de llegar al público. Si no pasan la prueba, no obtendrán el permiso para vender su producto.

Figura. Imagen ilustrativa.
Autor lavando los clones por infestación de araña roja.

Pesticidas por contacto y sistémicos

El pesticida que actúa por contacto, es una buena opción como producto preventivo de plagas, especialmente en el caso de los hongos, pues permanece en el exterior de la planta y no deja que las esporas germinen y penetren en el tejido. En el caso de los insecticidas, queda también en el exterior de la planta matando a los insectos.

Los pesticidas sistémicos son absorbidos a través de las raíces o de los estomas de las hojas, y los elementos químicos son distribuidos a todas las partes de la planta. Pueden permanecer activos durante varios días o incluso semanas, dependiendo del producto. Son ideales para el control de algunos insectos.

Uso de pesticidas en cultivo interior

La humedad en interiores es perfecta para la reproducción de muchas plagas. Por lo general, los problemas empiezan desde el exterior del cultivo; si hay plagas afuera, con seguridad se abrirán camino hasta nuestro armario de cultivo. Lo mismo puede pasar al traer plantas que vienen de otro lugar, las cuales pueden venir a contaminar las nuestras.

El consejo mayor es la prevención. Durante la fase de crecimiento debemos de hacer uso regular y alterno de productos puramente biológicos. Centrémonos en insecticidas contra mosca blanca, trips y araña roja. Como ya vimos, los fungicidas por contacto limitarán que las esporas puedan germinar en la superficie de la planta. Por otro lado, la aplicación de insecticidas sistémicos dificultará en gran medida la aparición y propagación de insectos.

Tratamiento de plagas

Al rociar muy bien las plantas con agua, esta arrastrará los insectos adultos, especialmente si rociamos bien el envés de las hojas. Una vez ya estén secas las plantas, podremos usar el insecticida biológico más apropiado. Se recomienda hacer este proceso cada 2 ó 3 días sin necesidad de rociar las plantas de nuevo.

Tengamos en cuenta que es muy importante pasar las plantas a la etapa de floración del todo libres de plagas y completamente sanas.

Así aumentaremos las probabilidades de conseguir una cosecha muy productiva sin tener que usar ningún producto químico en su floración.

Uso de pesticidas en cultivo exterior

En los cultivos exteriores, otras plantas pueden verse afectadas por la aplicación de pesticidas, especialmente si se trata de jardines. Al usar productos así, estamos arriesgando el equilibrio de nuestro entorno, incluyendo mascotas y niños. Es muy importante que una vez que se desocupen todos los recipientes se coloquen en bolsas especiales para tirarlos en lugares correspondientes y no contaminar a otras personas o animales. Es de suma importancia utilizar guantes, cubrebocas y equipo especial para fumigar.

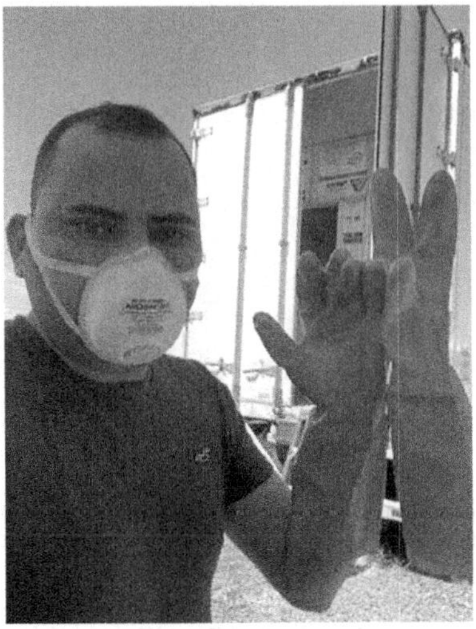

Figura. Imagen ilustrativa de protección.

Insecticidas caseros

Existen una gran variedad de insecticidas empíricos usado por los cultivadores de Cannabis que han empleado para no implementar insecticidas biológicos. Jabón foca y plantas de romero para que con su aroma alejen las plagas y enfermedades en las plantas. También utilizan jabón Ariel y abundante agua para quitar la araña roja, esto se aplica cuando las plantas son pocas, y los cultivadores tengan el tiempo para lavar cada planta por planta, así como estarlas rociando con estos jabones a través de aspersores.

Remedios biológicos para prevenir las plagas del Cannabis más comunes

INSECTOS

Ácaros

Trabe Neemazal - Aceite de neem. Las cintas atrapa-insectos son también muy útiles.

Araña roja

Trabe Neemazal, Aceite de neem, Spider Mite Control Plus, Trabe Oleatbio, Jabón potásico, Trabe, Tierra de diatomeas, Trabe Aliosan.

Cochinillas

Spruzit Mittel, Trabe Neemazal, Aceite de neem, Trabe Oleatbio, Jabón potásico, Trabe, Tierra de diatomeas, Trabe Aliosan.

Mosca Blanca

Trabe Neemazal, Aceite de neem, Trabe Oleatbio, Jabón potásico, Trabe, Tierra de diatomeas, Trabe Aliosan.

Mosca del suelo

Trabe Neemazal, Aceite de neem, Trabe, Tierra de diatomeas.

Pulgón

Trabe Neemazal, Aceite de neem, Trabe Oleatbio, Jabón potásico, Trabe, Tierra de diatomeas, Trabe Aliosan.

Trips

Spruzit Mittel, Trabe Neemazal, Aceite de neem, Trabe Oleatbio, Jabón potásico, Trabe, Tierra de diatomeas, Trabe Aliosan.

Orugas

Trabe Cordalene, Bacillus thuringiensis, Trabe, Tierra de diatomeas.

HONGOS

Botrytis

Trabe, Cola de caballo, Trabe Urtifer, Harina de ortiga, Trabe Propolix, Neudo Vital, Neudorff, Aptus Fungone.

Mildiu

Trabe, Cola de caballo, Trabe Urtifer, Harina de ortiga, Trabe Propolix, Neudo Vital, Neudorff, Aptus Fungone.

Oídio

Trabe, Cola de caballo, Trabe Urtifer, Harina de ortiga, Trabe Propolix, Neudo Vital, Neudorff, Aptus Fungone, Propolix Cinam.

Pythium

Trichoderma harzianum, Elycitor.

OTROS

Caracoles, babosas

Ferramol antilimacos, Trabe, Tierra de diatomeas. Otra opción es machacar cáscaras de huevo y desparramarlas alrededor del tallo de las plantas. Los caracoles y limacos odian esto y se alejarán dejando a las plantas en paz.

Pájaros, otros animales

Cubrir las pequeñas plántulas con una malla de sombreado para protegerlas, luego retirarla en cuanto tengan 2 ó 3 nudos.

Tipos De Hachís De Cannabis

Hachís

El Hachís (*hash*) viene de las tricomas, esas glándulas resinosas que cubren la superficie de los cogollos de Cannabis.

Hash

Viene del árabe y significa literalmente "pasto".

Bubble kief

Este método involucra sumergir la planta en agua a muy bajas temperaturas, para congelar los tricomas y que se precipiten al fondo donde los tricomas son filtrados y recolectados. Cada planta contiene de 10 a 20 % por ciento de hachís.

Marroquí

Para elaborar este tipo de hachís, la planta se pasa por un filtro de tela llamado tamiz. El productor recoge la resina y la comprime hasta conseguir pelotas de hachís.

Figura. Imagen ilustrativa de Hachís de Cannabis.

Derivados del Cannabis

Aceite de Cannabis

El aceite de Cannabis es un extracto que se obtiene macerando las plantas secas en alcohol para que la resina se disuelva, a continuación, se filtran los restos de vegetales y se evapora el alcohol hasta dejar solo la resina. También se puede hacer con otros disolventes, como acetona o el gas butano, pero los procedimientos son más complejos y peligrosos.

Los cultivadores del estado de Oregón de Estados Unidos lo hacen dejando secar los cogollos. Luego extraen el polvo fino del Cannabis y le agregan alcohol y lo dejan reposar por algunas semanas para extraer el aceite con más cannabinoides. Este se deja por buen tiempo en alcohol, aunque a veces es contraproducente, ya que si se deja mucho en alcohol se extrae la clorofila, y este a su vez manchará el aceite de verde, y eso hace que el sabor se vuelva amargo.

Este aceite de Cannabis hoy en día es muy usado por las personas que representan la belleza debido a que ha resultado muy benéfico para mantener su cara limpia y fresca y libre de impurezas en la piel.

Mantequilla

La mantequilla de Cannabis (en inglés *Cannabutter*) es una receta clásica, fácil y práctica. Esto se prepara con las hojas, de preferencia de la mejor calidad. Se ponen a hervir en dos tazas de agua y se añaden cien gramos de mantequilla. Se deja reposar por un buen rato. Algunos lo dejan de dos a tres horas (hay más liberación de THC, pero el sabor es más amargo) aunque con media hora suele ser suficiente. Una vez que retiramos la mezcla, se reserva el líquido. Se puede echar en una taza de agua caliente sobre las hojas para arrastrar la mantequilla que se haya quedado impregnada. Se deja reposar y enfriar el líquido. La mantequilla flotará sobre el agua, y cuando esta se enfríe y se solidifique, será muy fácil recogerla.

Una vez extraída se pone en el refrigerador y se puede comer en diferentes formas como untado en los panes, por ejemplo. Cabe importante mencionar que cuando se come, el Cannabis tarda más de una hora de empezar a surtir efecto, y es más potente que el fumado, por lo que hay que esperar y no consumir demasiado hasta sentir la reacción.

Aceite de oliva cannábico

El aceite de oliva de Cannabis es uno de los métodos preferidos de consumo para los usuarios terapéuticos, debido a que contiene grandes propiedades medicinales, como paliativos para el tratamiento de las dolencias.

Una buena alternativa para aprovechar las propiedades medicinales del Cannabis, sin los prejuicios asociados al fumar es el aceite de oliva de cannábico. Para hacer este aceite es muy sencillo, solo basta con tomar cogollos y desmenuzarlos dentro del aceite de oliva, y dejarlo reposar una semana a dos semanas. Pasado este tiempo habrá cannabinoides disueltos en el aceite lo que también se puede aprovechar y consumir directamente, o añadírselo a cada comida.

Usos en la cocina

Mucha gente usa el Cannabis en la cocina para preparar platillos psicoactivos. Y lo agregan de diferentes formas a la comida. Lo más práctico que hacen es espolvorear cogollos desmenuzados por encima de los alimentos, como si fuera cualquier otra especie como orégano, perejil o chiltepín.

El consumo por medio de la ingesta de Cannabis, hachís o cualquier otro derivado de la planta, tiene unas particularidades diferentes al consumo fumado. Cuando se come Cannabis, el THC pasa por el hígado, algo que no sucede cuando se fuma, y se convierte en un Cannabinoide más psicoactivo y potente.

Por lo tanto, se puede fumar y comer la misma dosis y el efecto sin duda alguna será diferente. Cuando se consume Cannabis conviene ser muy cautos con las dosis hasta que se conozca la potencia, muchas personas creen que como no siente el efecto luego de ingerirlos los hace pensar que consumieron poco, pero habrá que esperar hasta después de una o dos horas.

Es muy importante que las personas que cuando fuman o consumen Cannabis, sean muy responsables. Debido a los efectos que estos causan, por ejemplo, si se consumen dosis altas estas, pueden ser causa de sentirse mareos, desorientación o ansiedad.

Otros estimulantes para las plantas

Luna llena

La planta se debe de cortar de preferencia cuando hay luna llena, ya que, de acuerdo a los cultivadores de granjas de Cannabis en el estado de Oregón y California, con esta técnica se evita que la producción se pudra y a su vez quede más macizo el producto, dando más rendimiento en cuanto a peso y calidad.

Música

La música la usan los granjeros siempre. En las plantas madre y en los cultivos de *hemp* como en *Cannabis sativa*, esto parece ayudarles a sentir que hay personas siempre y las pone alegres, evitándoles el estrés. Esta técnica es muy utilizada por los granjeros cultivadores de Cannabis.

Fuente: Datos recabados por los propietarios de granjas en el Estado de Oregón Estados Unidos, junio 2020.

Fertilizantes abonos

Son de suma importancia para el desarrollo de la planta. Hay tiendas especializadas en ofrecer una amplia gama de abonos y fertilizantes, o líquidos orgánicos o de síntesis química.

Los fertilizantes químicos se utilizan por comodidad, pero tienen numerosos inconvenientes. Mientras que el abono de síntesis tan solo aporta abonos listos para absorber, los abonos orgánicos fertilizan la tierra.

Los cultivadores han experimentado diferentes abonos orgánicos y muchos les han funcionado positivamente, como el guano de murciélago, acompañado con otros abonos de origen vegetal y animal. Los siguientes fertilizantes son los más usados por los cultivadores de Cannabis en las diferentes etapas: Floranova, Olvedray y Avalanch.

Conclusiones

En México existen grandes esfuerzos para erradicar la deforestación y por ello han implementado el programa "sembrando vida".

Esta iniciativa se ha empleado en todo el país para que haya una regeneración de sus bosques, y así cumplir con el eje ambiental del desarrollo sostenible de la Organización de las Naciones Unidas (ONU).

Con la regulación de la planta de Cannabis en México podremos apoyar aún más este gran programa, aceleraremos más la reforestación y no habrá necesidad de seguir deforestando nuestros bosques.

Sin duda esta es una de las motivaciones más importantes que tenemos en cuanto al impulso para cultivar esta planta pródiga.

No solo tenemos la urgente necesidad de cuidar el planeta, sino también la necesidad de acoplarnos al enorme crecimiento económico de la industria del Cannabis.

Un ejemplo que data esto es Canadá, donde la legalización de la marihuana añadió miles de millones de dólares.

Justamente, la legalización del Cannabis en octubre de 2018 para su consumo recreativo en Canadá ha contribuido al Producto Interior Bruto (PIB) del país con alrededor de 43,500 millones de dólares canadienses.

La firma privada *Deloitte* hizo este estudio para recabar estos datos, el cual analiza el impacto económico y social de la controvertida medida que convirtió a Canadá en el primer país del mundo industrializado en legalizar el consumo recreativo de la marihuana.

Deloitte señala que la legalización ha creado en tres años unos 151,000 empleos, lo que ha supuesto unos 25,200 millones de dólares canadienses para el PIB.

La regulación del Cannabis podría contribuir a erradicar el tráfico y la venta ilegal, lo cual no es transparente ni benéfico para el país.

Por este motivo, podríamos decir que el tema de la regularización de la marihuana podría estar sujeto a una tendencia electoral, pues el tema cannábico es un tema que quien lo apoye se ve como progresista para gran parte de los votantes.

De igual manera, de darse la aprobación aún faltaría un gran camino por recorrer, ya que faltaría establecer la ley secundaria y evaluar los impactos en las leyes de importaciones y exportaciones.

Todos los estados de la república tendrán que adecuar las leyes, por ejemplo, respecto al uso del suelo para la planeación, y/o venta, distribución, de los productos derivados de Cannabis.

En el mes de agosto de 2021 el gobierno de México reglamentó la producción, investigación y uso medicinal del Cannabis despejando el camino para que firmas privadas participen en un mercado considerado por las empresas del ramo como uno de los más grandes del mundo.

La regularización incluiría la autorización para la fabricación de medicamentos y derivados farmacológicos de acuerdo con el diario oficial de la federación (DOF). En aquel entonces, Andrés Manuel López obrador se mostró a favor de buscar nuevas formas para combatir el fenómeno de la pobreza.

Si se despenaliza completamente la marihuana, México podría convertirse en el mercado de Cannabis más grande del mundo.

"Cannabicemos" a México.

Acerca Del Autor

Humberto Vega es Ingeniero Forestal Comunitario, egresado de la Universidad Autónoma Indígena de México, con sede en Choix, Sinaloa. Fue el primer titular académico en titularse de la primera universidad que ha tenido Choix en su historia, con la tesis titulada "Identificación de Elementos Contaminantes del Cauce del Río Fuerte en el Municipio de Choix".

Cuenta con tres Diplomados: Diplomado en educación basado en competencias. Diplomado en especialidad operación de microcomputadoras. Diplomado para la formación de guías especializados en turismo orientado hacia la naturaleza.

Actualmente se encuentra estudiando el Diplomado en Tanatología, que se suma a un sinfín de cursos de preparación en diferentes ramas.

Miembro activo de la red binacional Sinaloense Unido con sede en San Diego, California, con Oscar Valdez.

Es el principal impulsor de la reforestación del cauce del río fuerte en Choix el"Vado"; creador del proyecto "Primera Feria de la Tilapia Choix 2017-2019"; impulsor del primer desfile conmemorativo al Día Mundial del Medio Ambiente celebrado el día 5 de Junio de cada año; impulsor de campañas "Planta un Árbol" en las escuelas en el Municipio de Choix; impulsor de proyectos pesqueros como "Lonja Pesquera" y UBI (Unidad Básica de Infraestructura en Techobampo de los Paredes).

También, impulsor de cursos de capacitación para darle valor agregado al producto pesquero; creador del proyecto de punto de venta móvil para las cooperativas de la presa más grande del noroeste del país, Luis Donaldo Colosio Murrieta "Huites"; es impulsor de una iniciativa con el Senador por Sinaloa, el Dr. Rubén Rocha Moya, en apoyo a los pescadores ribereños y de agua dulce, entre muchos otros proyectos que hacen una carrera muy nutrida de activismo y compromiso social.

Abocado también a la escritura, en vistas de generar cambios estructurales más profundos en los tejidos sociales.

Vega ha enviado una iniciativa al Congreso del Estado de Sinaloa y a la comisión de salud y asistencia social para la creación del Instituto Sinaloense de Salud Mental.

Fue el primer impulsor en instalar el Consejo Municipal de Desarrollo Sustentable en Choix, Sinaloa.

Sígueme en las redes sociales

Facebook: Humberto Vega

Instagram: Humberto_vega_betito

Twitter: Humberto Vega

Contacto

Humberto Vega

E-Mail: librosvega22@gmail.com

Telegram: @humberto_2021

Teléfono: +1-541-838-9194

ESPERAMOS HAYA DISFRUTADO ESTE LIBRO

El autor lee cada comentario publicado en su página de Amazon y usted puede tener comunicación directa con él en esa plataforma. Le agradeceríamos que compartiera su opinión acerca de este libro, pues así ayudará a otros lectores a tomar sus propias decisiones para invertir su propio tiempo y recursos en esta obra.

Dos cosas antes de que deje su comentario:

Primero, pedimos solo comentarios francos. Comentarios reflejando el verdadero impacto que este libro causó en usted.

Segundo, que estos comentarios sean prácticos con la intención de ayudar a otros a tomar sus propias decisiones.

Así que si ha disfrutado este libro y quiere notificar al autor así como a sus futuros lectores acerca de sus impresiones, puede dejar su comentario y sus estrellas yendo a la página de este libro en Amazon.

Si tiene algún comentario o desea una consulta, puede contactar al autor en su email librosvega22@gmail.com

BIBLIOGRAFÍA

Ruiz,j., y ruiz,b.(2016). Marihuana medicinal. ¿Como ves?,209,8-12.

Suprema corte de justicia de la nación (2021). Consumo de marihuana con fines lúdicos y recreativos. Julio 29,2021.

Jaime Andrés Vinasco barco "Un análisis de la incidencia de la regulación del Cannabis en California sobre las prácticas de consumo transfronterizo de residentes en Tijuana" (Colegio de la frontera norte Tijuana, B.C, México 2018) 178

Jaime Andrés Vinasco barco "Un análisis de la incidencia de la regulación del Cannabis en california sobre las prácticas de consumo transfronterizo de residentes en Tijuana" (Tijuana, B.C, México 2018) 15

Erika Giselle rojas Bernal et.al Gloria Patricia Gil et al Jhonatán Rodríguez Carmona [productos medicinales a base de Cannabis "universidad externado de Colombia facultad de administración de empresas especialización en gerencia, promoción 46, bogot, d.c, abril, 2017) 46

Cobarrubias -torres. (2019) uso medicinal de la marihuana. Anestesia en México, 31(2),4958.nieto g.2021.

El Cannabis al rescate del medio ambiente agosto 12,2021

Mora-aguilar,j.(2020). Análisis del ciclo de vida en cultivo de Cannabis sp. Medicinal. Agosto 13,2021

NOTAS

NOTAS

NOTAS

NOTAS

Made in the USA
Monee, IL
04 November 2026

67378717R00128